Arbeit und Büro

Arbeit und Büro

Geschichten, Anekdoten,
Erlebnisse und Witze

Ausgewählt von Heinz Sponsel

Inhalt

Die kluge Sekretärin	6
Test: Sind Sie strebsam?	12
Heute wegen Arbeitsunlust geschlossen!	16
Geflügelte Worte	22
Venus am Morgenhimmel	26
Goldene Regeln	52
Bürokratie	54
Witze und Cartoons	62
Inga Feders schönster Tag	66
Ein Mann vor einem Schalter steht	76
Immer Arbeit mit der Arbeit	80
Test-Auflösung	88
Das heitere Wörterbuch von A – Z	90

»Man hat mir gesagt, daß bei Ihnen der erste Eindruck entscheidend ist.«

Die kluge Sekretärin

Von
Jo Hanns Rösler

Ich suchte eine neue Sekretärin. Meine letzte hatte der Teufel geholt. Ich hatte es ihr hundertmal gewünscht.
»Daß dich der Teufel hole!«
Darauf tat er es, und ich saß da. Diesmal wollte ich eine besonders kluge Sekretärin. Eine Sekretärin mit guter Allgemeinbildung. Man tut sich beim Diktat leichter. Auch für das allgemeine Ansehen ist es gut.
»Wie gescheit ist schon die Sekretärin!« sagen sich die Leute, »wie klug und intelligent muß dann erst der Chef sein!«
Ich schrieb den Posten aus.
Die erste Bewerberin trat ein.
Sie war hübsch und anmutig.
»Ich hatte Pech mit meiner letzten Sekretärin«, sagte ich, »sie war dumm wie Bohnenstroh. Deswegen suche ich diesmal eine kluge und intelligente Sekretärin. Die Arbeit macht mehr Spaß, wenn auch der andere über eine gewisse Allgemeinbildung verfügt. Ich möchte darum vorher drei Prüfungsfragen an Sie richten.«
»Bitte. Gern.«
»Wie heißt die Hauptstadt von Norwegen?«
»Kopenhagen.«
»Leider nein. Es ist Oslo. Aber man irrt sich da gern. Eine zweite Frage: An welchem Leiden litt Beethoven?«
Sie zögerte. Sagte dann:
»Er hatte nie Geld.«
Ich verschluckte meine Antwort.
»Was verstehen Sie unter einem Fjord?«
»Eine bekannte Automarke.«
»Nein. Die Automarke heißt Ford. Ein Fjord ist ein Einschnitt des Mee-

»Was verstehen Sie unter einem Fjord?«
»Eine bekannte Automarke.«

res ins Land mit steilen Uferwänden«, sagte ich und erhob mich, »ich kann mich im Moment noch nicht entscheiden, liebes Fräulein – ich treffe meine Entscheidung schriftlich – Ihren Namen habe ich notiert – Sie hören von mir . . .«

Die zweite Sekretärin war eine Hochblondine.

Sie kam direkt von der Schönheitsköniginnenwahl.

Sie hatte verloren.

»Der Posten verlangt gewisse Ansprüche«, begann ich, »ich möchte daher zuvor drei Prüfungsfragen an Sie richten, wenn es Ihnen recht ist.«

»Bitte!« sagte sie, »nur zu!!«

»Wer ist der Komponist der Lustigen Witwe?«

»Mozart!«

»Nein. Mozart schrieb die Zauberflöte. Wissen Sie zufällig, von wem der Text der Zauberflöte ist?«

Ihre Augen leuchteten strahlend auf.

»Von Ralph Maria Siegel!«

Ich versuchte eine dritte Frage:

»Was ist eine Windhose?«

»Eine Art Strandhöschen für heiße Tage.«

Die dritte Bewerberin wartete im Vorzimmer.

Ich bat sie herein. Mir verschlug es die Rede.

Sie sah aus wie ein Märchen.

Mir blieb der Verstand stehen.

Ich konnte nur stumm auf einen Stuhl deuten.

Mein Adamsapfel ging rauf und runter. Ich spürte es deutlich.

Zum Teufel mit den dummen Fragen!

Sie war ohne Fragen engagiert.

»Fräulein«, sagte ich, »Sie sind –«

Sie winkte ab.

»Ich hatte Pech mit meinem letzten Chef«, sagte sie, »er war dumm wie Bohnenstroh. Deswegen suche ich diesmal einen klugen und intelligenten Chef. Die Arbeit macht mehr

»Ich habe Ihrem Stockholmer Kunden gesagt, die Zahlung geht heute nicht mehr raus, wir hätten keine schwedischen Briefmarken mehr.«

Spaß, wenn auch der andere über eine gewisse Allgemeinbildung verfügt. Ich möchte darum gern drei Prüfungsfragen an Sie richten.«
Ich saß starr und beklommen.
»Bitte!« sagte ich tonlos.

»Danke, daß Sie mich an den Geburtstag meiner Frau erinnern, Helga – aber wie heißt sie bloß mit Vornamen?«

»Wann und wo wurde Goethe geboren?«
»In Weimar!« stotterte ich. »Die Jahreszahl ist mir entfallen.«
»1749, und außerdem in Frankfurt. Die zweite Frage: Auf welcher Insel lebte Robinson?«

»Auf Crusoe!« stieß ich aufgeregt hervor.
Ich wußte sofort, daß es falsch war.
»Auf Masatiera in der Gruppe der Fernandezinseln!« wurde ich belehrt, »jetzt eine dritte und leichtere Frage: Was ist eine Tonsur?«
»Das, was ich da oben habe!«
»Nein . . . Sie haben eine ganz gewöhnliche Glatze!« sagte das schöne Mädchen und erhob sich. »Ich kann mich im Moment noch nicht entscheiden – ich treffe meine Entscheidung schriftlich – Ihre Adresse habe ich notiert – Sie hören noch von mir . . .«
Draußen war sie. Ich aber saß da, aller Hoffnungen beraubt, und engagierte die Nächstbeste, für die die Blaue Grotte ein Bierlokal war, die mit der Orthographie in bitterer Feindschaft lebte und die alle Minuten in mein Zimmer kam, da sie ihr eigenes Stenogramm nicht lesen konnte.

10

»Ehe wir Sie als Stenotypistin einstellen, noch ein kleiner Eignungstest. Welcher von den fünf Gegenständen ist die Schreibmaschine?«

*Bleistift – Reklame
aus dem Jahre 1911*

Sind Sie strebsam?

Wenn man den Bewerbungsschreiben glaubt, sind alle Betriebsangehörigen extrem dynamisch, berufserfahren, kontaktfreudig und selbstverständlich bereit, sich mit Haut und Haaren für das Wohl der Firma aufzuopfern. All dies soll hier nicht in Zweifel gezogen werden. Zumindest nicht offiziell. Aber so ganz unter uns wäre es vielleicht doch ganz interessant zu wissen, ob Sie wirklich so strebsam sind, wie Ihr Chef glauben soll. Oder ob Sie nicht eher den beseligenden Freuden der Faulheit zuneigen. Machen Sie halt einfach mal diesen Test. Vielleicht wissen Sie dann mehr über sich.

Test
Von Josef Ebner

1 Wann beginnen Sie mit der Planung des nächsten Urlaubs?
   A Etwa drei Monate vorher
   B Rund ein halbes Jahr vorher
   C Gegen Ende des vorangegangenen Urlaubs

2 Angenommen, Sie haben entdeckt, daß Ihr Chef einen Fehler gemacht hat. Was tun Sie?
   A Ich gratuliere ihm zu dieser neuen Methode
   B Ich mache eine Aktennotiz
   C Ich freue mich heimlich

3 Welche Ausrede für morgendliches Zuspätkommen gefällt Ihnen am besten?
 A Ich habe die Nacht über Akten aufgearbeitet
 B Ich habe mich verlaufen
 C Meine Frau (mein Mann) war heute morgen besonders zärtlich

»Heute morgen hatte ich leider keine Zeit für meinen täglichen Waldlauf, Chef!«

4 Woran denken Sie, wenn Sie das Wort »Unordnung« hören?
 A An meine Wohnung
 B An meinen Schreibtisch
 C An meine Firma

5 Wann sollte man nach Ihrer Meinung die Kaffeepause beenden?
 A Wenn der Chef reinkommt
 B Wenn der Kuchen alle ist
 C Wenn Feierabend ist

6 Was tun Sie, wenn der Chef einen uralten Witz erzählt?
 A Lachen
 B Noch mehr lachen
 C Einen Lachkrampf kriegen

7 Was würden Sie nach einem hohen Lottogewinn tun?
 A Nichts mehr
 B Meine Firma kaufen und den Chef rausschmeißen
 C Das geht niemand was an

8 Was ist das Wichtigste an der betrieblichen Weihnachtsfeier?
 A Der viele Punsch
 B Das Christkind
 C Die Gratifikation

9 Auf wen trifft das Wort »emsig« am ehesten zu?
   A Auf Ameisen
   B Auf merkwürdige Kollegen
   C Auf mich

10 Was ist eine Grippe?

A Eine unangenehme Virusinfektion
B Eine angenehme Arbeitsunterbrechung
C Ein noch nicht tarifvertraglich festgelegter Kurzurlaub

Fragen	1	2	3	4	5	6	7	8	9	10
A	4	5	5	2	4	2	2	2	3	4
B	2	3	2	1	2	3	5	1	2	2
C	1	2	1	4	1	5	3	4	5	1

Zählen Sie bitte hier Ihre Punkte zusammen.
Das Ergebnis finden Sie auf Seite 88.

Heute wegen Arbeitsunlust geschlossen!

Von
Thaddäus Troll

Es war einmal ein junger Mann, so um die Dreißig herum, der sah so gesund aus wie ein Boskopapfel. Er trug elegante elfenbeinfarbene Flanellhosen und einen klangvollen Namen, und auf der Passagierliste des Schiffes, mit dem er durch das Mittelmeer kreuzte, stand hinter seinem Namen in der Rubrik Beruf das imponierende Wörtchen »Ohne«. Beim Arbeiten bekomme er immer Stiche, erklärte seine Mama. Das war ein schönes Märchen, das Mutter und Sohn den Mitreisenden aufgetischt hatten. Denn der Name des Kavaliers war falsch, und nicht die Bande des Blutes hielten das ungleiche Paar umfangen. Auch war der junge Mann nicht ohne Beruf, wiewohl er von den mildtätigen Zuwendungen seiner Gönnerin lebte.

Es ist nun mal so: Seit sich die Tore des Paradieses hinter Adam und Eva geschlossen haben, verbringen die meisten Menschen einen großen Teil ihres Lebens damit, zu arbeiten. Sei's, daß sie eine Arbeit verrichten, sei's, daß sie an der Verwaltung der Arbeit oder auch gegen die Arbeit, zum Beispiel an der Verkürzung der Arbeitszeit, arbeiten – gearbeitet muß sein. Bekanntlich ist es trotz mannigfacher Bemühungen bis zum heutigen Tage noch nicht gelungen, die Arbeit ganz aus der Welt zu schaffen. Solange dieses Klassenziel nicht erreicht ist, bleiben uns faktisch nur zwei Möglichkeiten: Entweder wir unterwerfen uns der Herrschaft der Arbeit und werden ihre Sklaven, oder wir freunden uns mit ihr an. »Oh wie lieb ist die Arbeit, wenn man

»Ein Versager! Ich möchte ihn umtauschen, ist auch nur einmal gebraucht!«

Man lebt nicht, um nur zu arbeiten

dabei an etwas Liebes zu denken hat und sicher ist, am Sonntag mit ihm zusammen zu sein«, schreibt Gottfried Keller im *Grünen Heinrich*. Der Glückliche, dem die Arbeit auf diese Weise schmackhaft wird, befindet sich leider in einem mehr oder minder befristeten Ausnahmezustand. Den möchte ich sehen, der bei seinem goldenen Dienstjubiläum berichten kann, er habe all die Jahre hindurch bei der Arbeit an etwas Liebes zu denken gehabt, mit dem er jeden Sonntag zusammen gewesen sei. Die Arbeit kann aber schon viel von ihrem Schrecken verlieren, wenn man sich dabei überhaupt etwas denkt. Dabei könnte man zum Beispiel auf den Gedanken kommen, daß man zwar nicht nur lebt, um zu arbeiten, daß man sich aber die Arbeit und somit das Leben unnütz erschwert, wenn man den Spieß einfach umdreht und nur arbeitet, um zu leben. Der berühmte Historiker und einstige Reichstagsabgeordnete Mommsen geht in seiner *Römischen Geschichte* sogar so weit zu behaupten, wenn der Mensch keinen Genuß mehr an der Arbeit finde und bloß arbeite, um so schnell wie möglich zum Genuß zu gelangen, so sei es nur ein Zufall, wenn er kein Verbrecher werde. Was hiermit – schon aus Angst vor den Hütern der Ordnung! – genüßlich berichtet sei.

Denken wir also weiter – das ist steuerfrei und nur in seltenen Fällen gesundheitsschädlich. Denken wir zum Beispiel darüber nach, wie wir uns einen bestimmten Arbeitsvorgang erleichtern können, und schon haben wir ein bis zwei Fliegen mit einer Klappe geschlagen. Zum einen verliert auch die stumpfsinnigste Arbeit durch die erhebende Tätigkeit des Denkens an Eintönigkeit, zum anderen besteht sehr wohl die Chance, daß sich die Arbeit tatsächlich erleichtern läßt. Rationalisierung nennen das die Fachleute. Das Wort kommt vom lateinischen *ratio,* Vernunft, und bedeutet durchaus nicht, daß die Rationalisierungsfachleute die Vernunft für sich allein gepachtet hätten. Es steht vielmehr jedem frei, zu seinem persönlichen Vorteil von ihr Gebrauch zu machen.

»Leider komme ich zu spät zum Frühstück. Ich habe die Nachtschicht verschlafen.«

Es ist eine Binsenweisheit, daß die meisten Dinge im Leben ihren hohen oder niederen Wert für uns erst durch die Einstellung erhalten, die wir ihnen entgegenbringen. Diese Binsenwahrheit unterscheidet sich von vielen anderen ihresgleichen dadurch, daß sie stimmt. Mit solcher Erkenntnis läßt sich manches im Leben zurechtrücken, und man kann sich ganz hübsch mit ihr einrichten. Politiker wissen das sehr genau und gehen oft darauf aus, uns die ihnen wohlgefällige Einstellung beizubringen, mit der sie sich selbst einrichten können. Wer da nicht auf der Hut ist und auf selbständiges Denken verzichtet, der findet dann eines Tages Kanonen besser als Butter. Oder er erfüllt mit verbissenem Fleiß ein Übersoll ums andere und wird schließlich zum Helden der Arbeit in einem Unternehmen, das Lebensgefahr produziert.

In jedem Beruf – auch in dem eines Schriftstellers, wie ich Ihnen angesichts unerledigter Postberge und indiskreter Formulare des Finanz-

Die größte Torheit wäre es, ein Held der Arbeit werden zu wollen

»Es wäre endlich Zeit, mit Lehmann über seine Kaffeepause zu sprechen!«

amtes versichern kann – gibt es Arbeiten, die wenig Vergnügen bereiten und doch unumgänglich notwendig sind. Auch für eine Hausfrau dürfte es kaum unterhaltsam sein, jahraus, jahrein jeden Morgen unter den gleichen Bettgestellen die gleiche Menge Staub hervorzufegen. Wenn sie sich aber dabei an den Turnvater Jahn erinnert und aus der buchstäblich erniedrigenden Tätigkeit eine gymnastische Übung macht, die der Geschmeidigkeit ihrer Wirbelsäule zustatten kommt, so sieht die Sache gleich besser aus.

Manche Menschen erschweren sich ihre Arbeit, indem sie diese in übertragenem Sinne für erniedrigend halten. Sie begehen damit einen Denkfehler, den sie teuer bezahlen müssen. Denn eine Arbeit vermag nur denjenigen zu erniedrigen, dessen Selbstbewußtsein gestört ist. Menschliche Würde ist von der Art der Arbeit sowenig abhängig wie das Wetter vom Laubfrosch. In Spanien begegnet man Schuhputzern, deren Selbstbewußtsein besser intakt ist als das eines Generals.

Trachten wir also danach, mit der Arbeit in ein erquickliches Verhältnis zu kommen und sie nicht nur mit guten Reden, sondern vor allem mit guten Gedanken zu begleiten, damit sie munter fortfließe. Das ist immer noch das gescheiteste. Es sei denn, einer verfüge über die Überlegenheit jenes Schuhmachers, an dessen Laden bisweilen ein Schild prangt: »Heute wegen Arbeitsunlust geschlossen.« Es sei nicht verschwiegen, daß es sich um einen besonders guten Schuhmacher handelt, der das Glück hat, in Wien zu leben.

* *

Wenn gute Reden sie begleiten, dann fließt die Arbeit munter fort

Geflügelte Worte

Welches geflügelte Wort gefällt Ihnen am besten?

Die Arbeit ist etwas Unnatürliches. Die Faulheit allein ist göttlich.

Anatol France

Ich liebe die Arbeit. Sie fesselt mich. Ich kann stundenlang dasitzen und sie betrachten. Ich habe sie gerne in meiner Nähe. Der Gedanke, sie loszuwerden, zerbricht mir fast das Herz.

Jerome Klapka

Wenn Arbeit adelt, dann bleibe ich lieber bürgerlich.

Paul Flora

Es gibt zwei Arten von Arbeit: erstens, die Lage von Dingen auf oder nahe der Erdoberfläche zu verändern; zweitens, andere Leute anzuweisen, es zu tun. Die erste Art ist unangenehm und schlecht bezahlt; die zweite ist angenehm und hoch bezahlt.

Bertrand Russell

Die Arbeit, die man liegenließ, war nie vergeblich.

Curt Goetz

Wenn man Ihre Arbeit vermehrt, können Sie dreist verlangen, daß man auch Ihr Gehalt vermehre. Nur nicht blöde!
Arthur Schopenhauer

Ich halte mir im Büro Goldfische. Sie machen den Mund auf, ohne daß man sich darüber ärgern muß.
Robert Lembke

Computer sind die neueste technische Errungenschaft zur wirksamen Verzögerung der Büroarbeit.
Cyril Parkinson

Wenn man ganz bewußt täglich acht Stunden arbeitet, kann man es dazu bringen, Chef zu werden und vierzehn Stunden täglich zu arbeiten.
Robert Frost

Ein Chef, der seine Sekretärin geheiratet hat, hat aufgehört zu diktieren.
Willy Reichert

»Herr Direktor, zu Hause kann ich das Geld in aller Ruhe zählen!«

Wenn einer arbeitet, schauen meistens zwei zu!

Man kann die Menschen in drei Klassen einteilen: solche, die sich zu Tod arbeiten, solche, die sich zu Tod sorgen, und solche, die sich zu Tod langweilen.

Winston Churchill

Ich habe nie Wertvolles zufällig getan. Meine Erfindungen sind nie zufällig entstanden. Ich habe gearbeitet.

T. A. Edison

Arbeit ist häufig der Vater des Vergnügens.

Voltaire

Ein erster Schritt zur Abschaffung der Bürokratie wäre die Anschaffung möglichst unbequemer Bürosessel.

Mogens Glistrup

Kleinlebewesen vermehren sich durch Zellteilung, Bürokraten durch Arbeitsteilung.

Jerry Lewis

Arbeit um der Arbeit willen geht gegen die Natur.

John Locke

Die Menschen scheinen am glücklichsten zu sein, wenn sie umsonst arbeiten und es sich leisten können.

Robert Lynd

Ein Chef, der eine hübsche Sekretärin geheiratet hat, wird nie mehr eine hübsche Sekretärin haben.

Willy Reichert

Der Mensch ist nicht zur Arbeit geschaffen, sonst würde er dabei nicht so schnell müde.

Tino Rossi

Manch einer arbeitet so eifrig für seinen Lebensabend, daß er ihn gar nicht mehr erlebt.

Markus Ronner

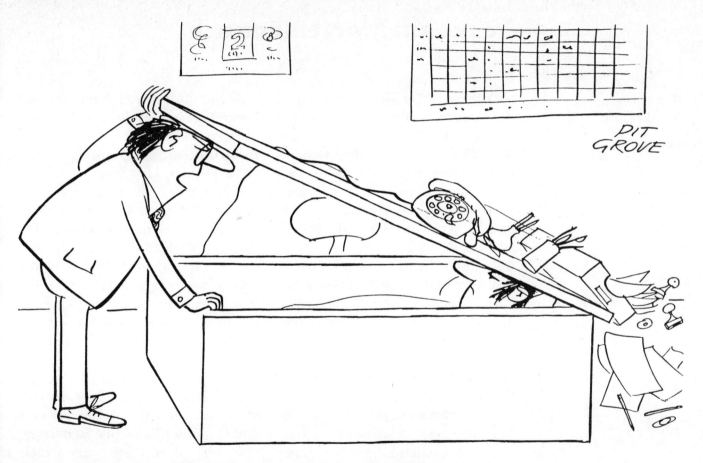

»Herr Kollege, ich wollte Ihnen nur sagen, heute kommt der Chef zurück!«

Venus am Morgenhimmel

*Von
Günter Stein*

»Fräulein Schneider!« Die Stimme des Mannes klang tief und warm wie eine Glocke. Aber da ist auch ein Unterton von klirrender Willenskälte, von der man ahnt, daß sie sich bei Verhandlungen durchzusetzen weiß (»Pardon, so nicht, meine Herren. Nicht mit mir! Ohne die Bohrlizenz auf den Kurilen ist der Auftrag über die 26 weißhaarigen Innenminister noch längst nicht abgehakt!«). Andererseits kann diese Stimme auch Worte in ein wohlgeformtes Damenohr flüstern, die in der Besitzerin dieses Ohres Abgründe aufreißen und Sinnestaumel hervorrufen. Doch diesmal sagt die Stimme nur: »Fräulein Schneider! Ist mein Tokio-Flug für Donnerstag gebucht...? Gut. Und dann stellen Sie mir doch bitte noch alle Unterlagen über die letzte Lieferung an karierter Wellpappe zusammen. Heute mittag sollten wir übrigens alles weitere besprechen. Ich würde sagen: Bonne Auberge. Geht das klar, Gabykind?«

Die Hand des Mannes, die gerade die Gegensprechanlage bedient hat, ist mit schlanken, gebräunten Fingern ausgestattet – sensibel, um aus einem alten Steinway ein Chopin-Pianissimo hervorzuzaubern, stählern genug, um einen Squashschläger zu führen, aber auch bereit, im Haar der geliebten Frau ein Furioso an Zärtlichkeit zu entfesseln.

Im Vorzimmer muß Gaby Schneider einen Herzschlag lang die Augen schließen, um die aufwallende Gefühlsflut unter Kontrolle zu bekommen. In einem See von Glück schwimmend rafft sie die Mappen an

»... und sind wir von der Haltbarkeit Ihrer Büromöbel sehr enttäuscht!«

Ein Mann hat nur die Wahl zwischen Arbeit oder reicher Heirat

sich und betritt zitternd das von sachlichem Luxus beherrschte Büro. Und dann steht sie vor ihm – 22, blond, 101 entzückende Pfunde, die auf die Maße 93-59-90 verteilt sind. Peter Clausen hebt den schmalen Kopf und richtet den kraftvollen Blick seiner stahlblauen Augen auf sie, und sie sagt nur schlicht: »Die Unterschriften.« Dann stürzt sie auf ihn zu.

Wir alle kennen solche Szenen – Romane und Filme zaubern sie vor unser äußeres und inneres Auge. Die Welt des Büros, wie sie in der Vorstellung von Leuten existiert, die nie ein Büro von innen gesehen haben. Oder doch?

Den weitaus größten Teil seines Lebens hat der Mensch, jedenfalls der männliche, nur die Wahl zwischen Büro, Werkstatt und reicher Heirat. Und obwohl die letzte Alternative die weitaus attraktivste ist, wird sie nur von den wenigsten wahrgenommen – eine Tatsache, die erstaunen muß.

Hat also das Büro doch mehr an Reiz zu bieten, als es auf den ersten Blick erscheint – auch uns, die wir Tag für Tag darin leben? Denkt der Mann,

»Nichts außer Rauchen verbindet uns mehr!«

der mit Elinor Spearmint, der einzigen Erbin des Kaugummi-Konzerns, verheiratet ist und, von allen beneidet, auf Capri die rote Sonne ins Meer verschwinden sieht, um sich ein paar Tage später die von Acapulco anzusehen – denkt er also mit Sehnsucht an die vergangenen Ke-

*Aber, aber!
Liebesbriefe sollte man
nicht auf der Schreib-
maschine schreiben!*
◀

gelabende in Neustadt an der Bierfilz, an die Betriebsferien anläßlich des Geburtstages von Abteilungsleiter Zimmermann, an die vielen Freitagabende, als man selig nach Hause fuhr, wissend, daß man nun zwei Tage lang kein Büro mehr sehen muß?

Denkt er vielleicht gar an die Besprechung, als der Bezirksdirektor auf eine ängstlich hingesagte Bemerkung den Blick auf ihn richtete und die wunderbaren Worte sprach: »Sehr gut, Herr Wollschmidt, Sie haben damit genau angesprochen, was auch mir am Herzen liegt. Bravo!« Alle hatten ihn neidvoll angesehen, und überwältigt vor Glück mußte er alle Selbstbeherrschung zusammennehmen, um den Blick bescheiden zu senken und ein unbeeindrucktes, aber durchaus angenehm berührtes Gesicht zu machen. Gut, er brauchte eine Weile, um sich ein Herz zu fassen und wieder etwas zu sagen (ja nichts kaputtmachen jetzt ! ! !), aber es war ein Moment, der tief eingebrannt blieb und den er auch zu Hause zu erwähnen wußte. Heut hat er übrigens mit einem einzigen Satz den ganzen Laden zusammenzucken lassen. Der Junior war tief beeindruckt, und alle anderen waren so klein mit Hut. Naja, für eine Gehaltserhöhung wird's noch nicht reichen, aber die Richtung stimmt.«)

Dies alles – und noch vieles mehr – sind zweifellos Höhepunkte im Leben des Menschen, Höhepunkte, auf die er verzichten muß, wenn er sich mit Millionen vermählt und mithin dem Streß des Jet-sets ausgeliefert ist, der darin gipfelt, daß man jedes Jahr die Bayreuther Festspiele besuchen muß, jeden Morgen mit einem Dom-Perignon-Schädel aufwacht und sich zu guter Letzt eine Beluga-Mollusol-Allergie zuzieht.

Deshalb also nehmen immer mehr Männer Abstand von einer reichen

»Heut' hab' ich übrigens mit einem einzigen Satz den ganzen Laden zusammenzucken lassen!«

Heirat und ziehen den täglichen Aufenthalt im Büro entschieden vor. Aber natürlich: Wie jeder Abenteuer-Urlaub ist auch das Leben im Büro nicht frei von Ungemütlichkeiten. Denken wir nur an das morgendliche Aufstehen, speziell am Montag. In solchen Augenblicken neigen wir alle mehr oder weniger zu Depressionen – ein grauer Himmel liegt über der Aussicht auf die Woche, die Berge an Arbeit, die das geistige Auge erblickt, türmen sich auf dem Schreibtisch, der davon überzuquellen droht wie ein zu eng geschnürtes Korsett, und man hört förmlich die näselnde Stimme des Chefs, ja, man ist sogar in der Lage, seine Worte vorherzusagen:

»Hören Sie mal, Wollschmidt, die Aktion für unsere Einzelhändler haben Sie wohl immer noch nicht richtig im Griff. Sie wissen ja hoffentlich: In zwei Wochen ist Vertreterkonferenz, da muß das Zeug fix und fertig sein, und zwar auf Dias und gerahmt. Die von F 2 sind auch da, und wenn wir denen keinen perfekten Vortrag liefern, kriegen wir die ganze Idee abgeschossen – also los, und ein bißchen plötzlich!«

Diese Worte hört man klar und deutlich, während ein sanfter Regen gegen die Scheiben perlt und schwarze

»*Schon als Kind war es mein Traum, ein Müllmann zu werden.*«

»Ich muß mich leider von Ihnen verabschieden.
In fünf Minuten ist Feierabend!«

Wolken mit dunkelgrauen um die Vorherrschaft kämpfen. Ach ja, die Aktion an die Einzelhändler – schwer wie ein Fluch legt sich der Gedanke an diese Arbeit auf die Seele, was da noch alles zu tun ist. Und dann das ganze andere Zeugs... Man darf nicht dran denken! Und danach geht dann ja die Woche erst richtig los. Aus der Nähe, so stellt man plötzlich fest, ist das alles doch nicht so toll. Im Gegenteil, der Gedanke ans Aussteigen taucht kurz mit dem Kopf aus dem Tümpel düsterer Erwartungen.

Aussteigen – nicht schlecht. Aber wie soll man denn die Daueraufträge an den Vermieter und an die Lebensversicherung bezahlen! Das verraten sie einem nie. Kurzum: Der Tag und die ganze Woche sind drauf und dran, sich von der schlimmsten Seite zu zeigen. Aber da schießt ein Gedanke durch den Kopf: Gaby !!! Richtig, seit knapp einer Woche ist ja

Gaby in der Abteilung, die neue Sekretärin: blond, 22, ca. 100 Pfund, die in der aufregenden Form einer Eieruhr verpackt sind. Und dazu das glockenhelle Lachen und die Art, wie sie die Locken schüttelt, wenn sie sagt: »Huch, der Kaffee ist ja schon wieder alle, wer säuft denn da heimlich!«

Tatsächlich, der Gedanke an Gaby wirkt wie ein leichter elektrischer Schlag – ein sanftes Kribbeln huscht über diverse Körperzonen, und ein goldener Sonnenstrahl fällt in die graue Einöde des allgemeinen Gemütszustandes. Venus hat den Morgenhimmel aufgehellt, und plötzlich ist auch der Gedanke an die Aktion für die Einzelhändler nicht mehr so niederschmetternd. Im Gegenteil, das Blut, das plötzlich champagnerhaft durch die Adern schäumt, spült glitzernde Ideen ins Gehirn. Geistige Funken steigen auf, zwei, drei Einfälle bleiben in den Ganglien hängen und werden vom Gedächtnis sofort vereinnahmt. Man wird daran weiterarbeiten, wenn man erst mal hinterm Schreibtisch sitzt.

»Was ist los?« fragt Sabine Wollschmidt ihren Mann, als er munter pfeifend aus dem Bad kommt und sich aufgeräumt an den Kaffeetisch sitzt, »du bist doch sonst morgens nicht so aufgekratzt, und schon gar nicht montags.«

»Bin ich das?« fragt Wollschmidt kokett zurück und köpft schwungvoll sein Frühstücksei, »naja, dann liegt das wohl daran, daß ich mir gerade

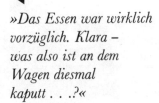

»Das Essen war wirklich vorzüglich. Klara – was also ist an dem Wagen diesmal kaputt . . .?«

Anno 1901. Ein neuer Beruf wird geboren: Die Sekretärin!

ein paar recht brauchbare Ideen fürs Büro habe einfallen lassen, und darüber bin ich natürlich glücklich.«
Kein Zweifel: Gaby, die vermutlich gerade zu Hause sitzt und die Angebote des Supermarkts liest, während sie sich ein Marmeladebrötchen zwischen die herausfordernden Lippen schiebt, hat, ohne es zu ahnen, für die Firma schon eine ganze Menge getan. Und das, obwohl es noch eine gute Weile bis zum offiziellen Bürobeginn ist. Ein zutiefst motivierter Wollschmidt wird sich schwungvoll hinters Steuer klemmen, wird nicht wütend hupen, wenn ihm ein anderer in die Spur schneidet, sondern ausgelassen vor sich hin pfeifen und vergnügt an der roten Ampel den Rhythmus zur Radiomusik aufs Lenkrad klopfen.
Im Büro dann wird er sich sofort daranmachen, die Badezimmer-Ideen aufs Papier zu bringen, und versuchen, den weiteren Sturzbach

an Einfällen zu kanalisieren. Jetzt schon, in der ersten Stunde der neuen Woche, hat er mehr getan als üblicherweise in Tagen. Der Vortrag in zwei Wochen wird glanzvoll werden, bravourös wird er die ewigen Stänkerer von F 2 niederbügeln, die Vertreter werden stehend applaudieren, der Chef wird ihm vor versammelter Mannschaft auf die Schulter klopfen und von einer überragenden Leistung sprechen. Und dann, jawohl, wird Gaby kommen, ihn mit ihren tiefblauen Augen ansehen, die man mit Kornblumen verglichen hätte, als es diese hübsche Pflanze noch gab, und mit einem deutlichen Anflug echter Bewunderung sagen: »Sie müssen ja einen ganz großen Eindruck gemacht haben, Herr Wollschmidt. Wie man hört, war Ihr Vortrag überwältigend. Ich kenne die Leute von F 2, schließlich war ich selbst ja mal ein Jahr bei Dr. Gebhardt im Vorzimmer.«.

An dieser Stelle wollen wir Wollschmidt kurz verlassen und ihn in seinen Gedanken, die Einzelhändleraktion betreffend, sowie in seinen Fantasien in Sachen Gaby nicht weiter

»Liebling, du wirst dich doch daran erinnern, daß du Mutter angeboten hast, uns nach der Hochzeit einmal zu besuchen?«

stören. Was zunächst aufgezeigt werden sollte, ist klar: Der ungemein stimulierende Einfluß, den Gabys Erscheinung auf die männlichen Kollegen ausübt, weckt in diesen ganz neue Kräfte, die nunmehr voll im In-

»Nicht übel, die Maus!«, denken alle, als sie die neue Sekretärin sehen

teresse der Firma aktiviert werden. Denn, natürlich, nicht nur Wollschmidt beugt sich mit heißen Backen über seine Papiere – auch Treulich tut das, und selbst Kampmeyer und Blessing sind unter Gabys erotischer Ausstrahlung zu neuem Leben erwacht, wie Krokusse unter dem Licht der Märzsonne. Schlich bislang die Arbeit vorwiegend als grämliches Adagio dahin, so kommt nun ein frischluftiges con brio in alle Abläufe.

Natürlich läßt sich keiner in die Karten gucken. Vielmehr sind alle darauf bedacht, sich zunächst mal hinter einem neutralen und leicht herablassenden »Nicht übel, die Maus« zu verstecken. Soviel muß sein, denn weniger Zustimmung würde auffallen und als Absicht entlarvt werden. Absichten aber hat offiziell keiner. Man versucht sich unauffällig zu profilieren, zentimeterweise Boden zu gewinnen und im übrigen die Gesamtlage aufmerksam im Auge zu behalten. Gaby gegenüber gibt man sich nett, freundschaftlich, ein bißchen zerstreut. Man hat ja anderes im Kopf als kindische Liebesgeschichten. Mein Gott, ein erwachsener Mann, dem die Händlerschaft ganz Norddeutschlands anvertraut ist, der hat weder Kapazität frei für Romantik noch eine Begabung dafür. Da muß schon eine liebende Frau kommen und ganz tief graben, bis sie an das dunkel glänzende Gold einer männlichen Seele im besten Alter herankommt.

Wie aber schafft man es, Gaby zur liebenden Frau zu machen, die diese Graberei auf sich nimmt? Das ist die Preisaufgabe, die Wollschmidt und Treulich, Kampmeyer und Blessing in den nächsten Tagen, jeder heimlich und auf seine Weise, zu lösen versuchen.

Natürlich ist Gaby nicht die einzige Frau in der Abteilung. Da ist noch Petra, jenseits der 30 und ledig, nach der bereits das Gespenst der Altjüngferlichkeit die dürre Hand ausstreckt. Und da ist Mia Rohwedder, Anfangsvierzigerin und geschieden, eine Frau, die keine Gelegenheit vorbeigehen läßt, ohne darauf hinzuweisen, daß »alle Männer Dummschwätzer« sind. Was sie allerdings nicht daran hindert, bei Abteilungsfesten kräftig dem Silvaner zuzusprechen und anschließend mit Nachdruck in die erotische Offensive zu gehen, wobei sich jeder, der nicht sofort mitmacht, den Vorwurf gefallen las-

»Darf ich Sie nach Ihrem ersten schweren Arbeitstag zu einer kleinen Spazierfahrt einladen, Frl. Meier?«

sen muß, ein »Schlappschwanz« zu sein.

Beide, Petra wie Mia, sind ohne Zweifel wichtige Säulen der Abteilung und verfügen sicher auch ausgiebig über das, was man etwas schwammig »innere Werte« nennt. Diese inneren Werte aber, daran führt kein Weg vorbei, finden im Äußerlichen leider nur wenig Entsprechung. Und nun mag man über die Bedeutung von Seele, Geist und Charakter noch so überzeugend argumentieren – der Mensch ist ein Augenmensch. Und dieser Augenmensch wird bei Petra und Mia deutlich im Stich gelassen, während er bei Gaby voll auf seine Kosten kommt. Man mag dies bedauern oder oberflächlich nennen: Es ist nun mal so. Dabei sind unsere vier sehr wohl darauf angewiesen, daß Gaby nicht nur Augenmensch ist, sondern im Gegenteil vor allem aufs Innere achtet, sagen wir: auf die Persönlichkeit. Denn keiner, weder Wollschmidt noch Kampmeyer, weder Treulich noch Blessing – die Namen deuten es schon irgendwie an – ist mit Clark Gable zu verwechseln. Noch nicht mal im Dunkeln. Aber man unterstellt Gaby, daß sie nicht eines dieser oberflächlichen Geschöpfe ist, die fantasielos auf Taille und Antlitz achten, wenn es um einen Mann geht, sondern die durchaus für wahre Qualitäten empfänglich ist. Beispielsweise für eine gelungene Aktion mit den Einzelhändlern.

Dieser Hoffnung darf man sich um so ungehemmter hingeben, als ja die mehr und mehr um sich greifende Frauenbewegung immer wieder versichert, daß die Frau ein denkendes und empfindendes Wesen ist, das den wahren Partner aus der Masse der Bewerber herausfinden könne. Den nämlich, der ihrer würdig ist, der auf sie eingeht und ihr ein

Es gibt viele Frauen, die von den Männern sagen, sie seien alle »Dummschwätzer«

Zimmerpflanzen sind oft das einzige, was in einem Büro blüht!

»Ich bin lieber mal ruppig, sonst kann ich mir die Kerls ja gar nicht vom Leib halten.«

gleichwertiger Partner bei hinreißenden Gesprächen ist, die sich um bedeutungsvolle Themen drehen.

Gaby ist dieses gehobene Niveau ganz besonders zuzutrauen, gehört sie doch zu der verteufelten Sorte hübscher Frauen, die es den Männern extra schwer machen, ihnen nicht zu verfallen, da sie zusätzlich zu allem auch noch ausgesprochen nett sind. Bekanntlich zerfallen ja die attraktiven Frauen in solche, die sich sagen: Ich sehe blendend aus, was soll ich auch noch nett sein. Im Gegenteil, ich bin mal lieber ruppig, sonst kann ich mir die Kerls ja gar nicht vom Leib halten; und in solche, die sich mit nicht weniger Berechtigung sagen: Mann, hab ich ein Glück gehabt, so gut auszusehen. Wenn ich nicht ständig guter Laune bin, wer sonst?!

Die erste Sorte ist bei Männern beliebter: Man ist zwar auf den ersten Blick hingerissen, aber schon auf den zweiten oder gar dritten weiß man: Gott sei Dank, daß sie arrogant, dumm und giftelig ist. Die würde einem schnell auf die Nerven gehen, und ihr Freund ist nicht zu beneiden, bei dem Gesicht, das sie immer zieht. Wunderbar, da muß man sich wenigstens keine Gedanken machen, wie man an sie rankommt! Und zufrieden reibt man sich die Hände, froh, dieses leidige Eroberungsproblem aus dem Kopf zu haben. Die andere Sorte ist da wesentlich schlimmer: Was sie auf den ersten Blick verspricht, das hält sie auch noch auf den zehnten, und so gibt es kein auch nur einigermaßen vernünftiges Argument, mit dem man sie aus dem Bewußtsein verdrängen könnte – kaum haben sich die Augen einigermaßen an den Glanz ihres Äußeren gewöhnt wie an eine tiefstehende Sonne, blendet sie einen mit dem gleißenden Licht ihrer hinreißenden Wesensart.

Gaby, wen wundert es, gehört unglücklicherweise zu dieser zweiten Kategorie. Und so ist es kein Wunder, daß Wollschmidt, während er mit seiner unattraktiven, ordentlichen Handschrift den Ablaufplan seines Vortrags auf das karierte Papier des Schreibblocks malt, in seinen Gedanken mehr und mehr von dieser verantwortungsvollen und wichtigen Tätigkeit abgelenkt wird und sich mit Gabys möglicher Reaktion auf die Frage: Haben Sie heute abend schon was vor? beschäftigt, anstatt mit Punkt drei seines Vortrags: Was bieten wir an werblicher Unterstützung in den örtlichen Tageszeitungen?

Tatsächlich muß Wollschmidt bei sich feststellen, daß sein Interesse an Gaby nicht wie in ähnlichen Fällen der Vergangenheit ein vorwiegend ästhetisch-akademisches ist, gewürzt mit dem sanften Schmerz kampflosen Verzichts, sondern daß er bereits

»*Die Luftpost nach Paris konnte noch nicht abgeschickt werden. Wir warten noch auf Ostwind!*«

Wer will einem verbieten, sich mal vorzustellen, wie es wäre, wenn...!

ernsthaft die Möglichkeiten eines engeren Kontaktes bedenkt. Dabei bleibt er natürlich weit im schützenden Bereich des Theoretischen, aber die Gedanken sind ja immerhin frei, und wer will ihm verbieten, sich mal vorzustellen, wie das wäre, wenn...! Dieser innere Ausflug ins Verbotene und im Grunde auch Unvorstellbare wird kräftig angeregt durch Gabys unübersehbare Gegenwart. Gerade hat sie Wollschmidt ein paar Briefe hingelegt, und ihr herzlich aufmunterndes Lächeln hat ihn veranlaßt, sich für Sekunden auf einer watteweichen Wolke der Euphorie abzuheben. Sogar das mit rotem Filzstift hingehauene Kürzel R, was soviel wie Rücksprache beim Abteilungsleiter bedeutet, wirkt in diesem Moment keineswegs so bedrohlich wie unter normalen Umständen.

Wollschmidt versucht den obersten Brief zu lesen, aber er kommt trotz mehrfachen Anlaufs über den Passus nicht hinaus: »Sehr geehrte Damen und Herren, mit unserm heutigen Schreiben möchten wir Sie daran erinnern, daß wir noch immer auf die Unterlagen für die Ausgestaltung unserer Schauräume warten. Wir haben zwar das Handbuch mit den neuen Farben erhalten, aber die Alu-Blenden im Format 20 mal 80, die wir für den Eingang benötigen, sind noch immer nicht eingetroffen, und daher...«

Nachdem er mehrmals versucht hat, den Inhalt dieser Zeilen zu bewältigen, gibt er den Kampf gegen den vitaleren Teil seiner Wünsche auf, läßt das heftige Verlangen des Briefschreibers nach Alu-Blenden mal vorläufig auf sich beruhen und praktiziert die Erkenntnis, daß man Bedürfnisse am schnellsten dadurch los wird, daß man ihnen nachgibt – wenigstens mal geistig. Wie wäre es, sinniert er vor sich hin, wenn es ihm gelingen würde, mal mit Gaby allein zu sein? Nein, nicht das! . . . Erst mal ganz sittsam und unverfänglich in einem Lokal. Dabei denkt er an das kleine französische im acht Kilometer entfernten Wickersbergrode, wohin immer die Außendienstler einge-

»*Hören Sie, ich bin in diesem Büro grau geworden!*«

laden werden und Wollschmidt sogar manchmal mit darf. Er würde, überlegt er, den Tisch ganz hinten wählen, in der Nische am Fenster. Er schmeckt das romantische Ambiente nach, das im samtenen Charakter eines Beaujolais eingefangen ist, dazu Pfeffersteak (könnte Sabine auch mal wieder machen, fällt ihm beiläufig ein), Champagner-Sorbet und Gabys Hand in der seinen.

Die Gefahr, daß dort Bekannte auftauchen, ist gering. Und wenn . . . ? Wollschmidt stellt sich Treulichs Gesicht vor, falls dieser mit seiner zweieinhalb Zentner schweren Ehehälfte hereinkommen sollte! Kurz überlegt er, ob er diese Szene der eines völligen Unerkanntseins vorziehen soll (beides hat Vorteile), läßt dieses Problem aber mal zunächst auf sich beruhen. Ja, also er sitzt da, Gaby ihm gegenüber, er hält ihre Hand, und nun sagt er etwas wie: »Mein Gott, wenn ich vor ein paar Tagen geahnt hätte, daß wir heute hier zusammen sind! Tag und Nacht habe ich an einen solchen Augenblick gedacht, aber ich hätte nie geglaubt, daß es wirklich einmal wahr werden könn-

Erstmal ganz sittsam und unverfänglich in ein kleines Lokal!

te.« »Ja, es ist etwas ganz Wunderbares«, stimmt Gaby zu, »und du glaubst gar nicht, wie sehr ich mich danach gesehnt habe. Schon am ersten Tag, als ich bei euch anfing, war ich dir verfallen. Jaja, wirklich. Ich weiß noch, du kamst etwas später, weil du noch im Auslieferungslager in der Bornstetterstraße warst, und als du reinkamst, wußte ich sofort: Das ist der Mann hier, der dir gefährlich werden kann.«

Erst willst du geheiratet werden, dann mußt du unbedingt ein Haus haben – und jetzt soll ich auch noch Möbel kaufen . . .!

»Aber nicht doch«, wendet Wollschmidt ein, und er ist so hingerissen von der Plastizität seiner eigenen Vorstellungen, daß er es fast laut ausgesprochen hätte – immerhin ist sein Gemurmel so deutlich, daß sich Kampmeyer von seinen Abrechnungsbögen ihm zuwendet und fragt: »Was ist, hast du was gesagt?« »Äh . . . nein«, wehrt Wollschmidt verwirrt ab, »mir ging da gerade was durch den Kopf wegen der Dingsda . . .« Für Sekunden ist er aus seinem Traum herausgerissen, aber es genügt, das Wort Alu-Blenden anzusehen, um postwendend wieder im französischen Lokal zu sein. Gerade gießt er nochmal Rotspon nach – wo waren sie stehengeblieben? Ach ja, bei dem Eindruck, den er gemacht hat.

Wollschmidt, bei dem immer wieder ein lästiger Sinn für Realitäten aufblitzt, fragt sich an dieser Stelle, was ihr so Überwältigendes an ihm auf-

44

»Mit dieser Seife machen Sie bestimmt Eindruck bei Ihrem Mann. Seine Sekretärin nimmt sie auch immer.«

»In den ersten Tagen hatte ich das schreckliche Gefühl, daß du mich überhaupt nicht zur Kenntnis nimmst . . .«

gefallen sein könnte, und rettet sich fürs erste in eine nicht näher zu definierende persönliche Aura, für die Frauen ja ein besonderes Feeling haben sollen. »In den ersten Tagen«, fährt Gaby lebhaft fort, »hatte ich das schreckliche Gefühl, daß du mich überhaupt nicht zur Kenntnis nimmst. Alle anderen haben mich immerzu angestarrt, der Treulich hat sogar mal im Kopierraum versucht, mich zu betatschen, und Kampmeyer wollte mich sogar mal mit sehr durchsichtigen Argumenten auf eine Inspektionsreise zur Vertriebsstelle Avenwedde mitnehmen, angeblich um abends gleich seine Memos diktieren zu können, also weißt du . . . ! Nur du bliebst reserviert, und vielleicht hat mich das am meisten beeindruckt.« »Aber was sollen wir tun?«, in Wollschmidt macht sich Verzweiflung breit. »Ich bin immerhin verheiratet, ich habe ein schlechtes Gewissen Sabine gegenüber. Und dann die Kinder. . .« »Ich habe Zeit«, sagt Gaby beruhigend, und sie hat etwas Innig-Ernstes, das ihn mit tiefer Bestürzung erfüllt.

Unwillkürlich umkrampft seine Hand den Kugelschreiber, eine Bewegung, die er noch abfangen kann, indem er auf dem Brief vor ihm das Wort von den Alu-Blenden zweimal nachdrücklich unterstreicht. »Ich habe Zeit«, wiederholt sie, »und kann warten. Aber ich weiß auch«, und hier wird ihr Ausdruck leidenschaftlich, »daß ich mir ein Leben ohne dich nicht mehr vorstellen kann. Ich meine, wir haben auch ein Recht auf uns, wir müssen auch mal egoistisch sein können. Das sind wir uns schuldig.«

Wollschmidt nickt. Sie spricht das aus, was er bislang nur zu denken gewagt hat. Ihm geht diese Unbedingtheit ab. Es ist das Pflichtbewußtsein in ihm, die Verantwortung, die er empfindet, die Moral, der Anstand – die ganze Skala der bürgerlichen Werte, nach denen er gelebt hat und die jetzt zerbrechen wie ein hohler, kranker Baum im Sturm. Soll er ein Leben an Gabys Seite einfach wegwerfen, noch ehe er es hatte, nur weil ihm der Mut zur Kompromißlosigkeit abgeht und weil er nicht über den Schatten seiner bürgerlichen Wohlanständigkeit springen kann? Heiß und kalt wird ihm, und unwillkürlich muß er seinen Kragen lockern. Auf was hat er sich da nur eingelassen, konnte das Leben nicht wie bisher seinen eintönigen Trott gehen? Da er nicht weiterwe, läßt er in der Fantasie den Kellner kommen. »Wir nehmen noch mal den gleichen«, sagt er und zeigt auf die Rotweinflasche. (Wie gut, daß ich mir das alles nur einbilde, denkt er sich, wie sollte ich diese Ausgaben zu Hause erklären!) Ja, fährt er innerlich fort, und er spürt, wie er auf den Boden der Realität zurückkehrt, den er plötzlich als außerordentlich beruhigend empfindet, was würde er in dieser Situation wirklich tun?

Gaby sausen lassen? Niemals. Also Scheidung, Tränen, nächtelange Diskussionen, Alpträume, der Besuch beim Anwalt. Und was geschieht mit dem noch lange nicht abgestotterten Reihenhaus? Das würde er natürlich Sabine und den Kindern überlassen – was soll er da-

»Wird es wohl sehr lange dauern, bis du das nächstemal mit mir zum Tanzen gehen kannst?«

Wie soll man das alles nur bezahlen: Scheidung, Anwalt, Unterhalt?

mit, außerdem ist er großzügig, und drittens wird man es ihr sowieso zusprechen. Aber wie wird er das bezahlen können: Unterhalt, die Raten an die Bausparkasse, und was geschieht mit dem Hobbyraum und seinen Modellflugzeugen? Erst kürzlich hat er ja erst den Adler III zu Ende geleimt. Wenn es besseres Wetter gibt, wollte er ihn fliegen lassen. Das wäre dann natürlich auch kein Thema mehr. Ob Gaby sich für so was interessiert? Er könnte ihr ja den Bussard bauen – extra für dich, sozusagen mit Widmung, aber er glaubt nicht, daß sie das besonders beeindrucken würde.

Nein, Gaby hat sicher andere Interessen, so ein munteres Geschöpf sperrt man auch nicht in den häuslichen Käfig zu Waschmaschine und Bügelautomat. Das wäre ein Verbrechen an der Natur. Darf er sie denn, so gesehen, überhaupt mit seiner Person belasten? Würde er damit nicht im Grunde zwei Frauen unglücklich machen plus letztlich auch sich selbst? Nein. Entschlossen steht er auf, seine Augen sind schmale, kalte Schlitze, die Faust ist geballt. »Was ist los?« fragt Blessing, »du bist ja heute richtig aktiv, wen hast du dir denn jetzt vorgenommen?« »Wie, was?« Wollschmidt blickt ihn irritiert an, »ach so, ja, also ich überlege gerade, wie ich denen von der Auslieferung mal ordentlich Bescheid stoßen kann. Dauernd beschwert sich einer, daß die Verblendungen nicht ankommen, dabei sind die Bestellungen seit fast drei Wochen bei WA. Mir haut Gessler hier die Briefe mit Rücksprache um die Ohren . . . Na, wartet bloß, mit mir habt ihr's die längste Zeit gemacht. Ich denke gar nicht daran, immer den Kopf für denen ihre Schlamperei hinzuhalten.« »Richtig«, Blessing wendet sich wieder seinen Listen zu, »gib es denen ruhig mal.«

48

Liebeserklärung eines Schüchternen

So zauberhaft die Sache auch war, es muß eine einmalige Affäre bleiben!

Ja, Wollschmidt setzt sich wieder hin und fühlt sich plötzlich wie entspannt und erleichtert. So zauberhaft die Sache mit Gaby auch war, es muß eine einmalige Affäre bleiben, auch wenn es ihr noch so weh tut. »Hör zu«, sagt Wollschmidt und beschäftigt sich irgendwie zerstreut mit Gabys Hand, als wolle er ihre Finger zählen, »ich glaube, es hat keinen Sinn. Wir haben jeder unser eigenes Leben – es ist zu spät, wir müssen uns in das Unvermeidliche fügen. Ich kehre zu meiner Familie zurück, ob ich es will oder nicht, ich muß einfach. Und du wirst mich vergessen, glaub mir's. Ich bin gar nicht so toll, wie du mich siehst. Laß uns Schluß machen, es war eine kurze, wunderbare Zeit, aber wir müssen jetzt tapfer sein, glaub mir, es ist besser so.« Gabys Augen füllen sich mit Tränen, sie will etwas sagen, will sich aufbäumen gegen das Schicksal, will die Arme um ihn legen, aber . . .

»Was starren Sie da Löcher in die Luft«, klingt plötzlich eine näselnde Stimme neben ihm, »wie weit sind Sie denn nun inzwischen mit dem Vortrag für die Vertreter? Das wird ja jetzt langsam happig. Und dann, was sollen die Beschwerden wegen der nicht gelieferten Alu-Blenden! Vielleicht klemmen Sie sich da mal hinter. Ach ja, und kommen Sie nachher noch mal zu mir, da hab ich noch ne Sache für Sie . . .«
Automatisch erscheint auf Wollschmidts Gesicht ein diensteifriges Lächeln. »Keine Probleme, Herr Gessler«, meint er, »ich glaube, ich habe da ein paar recht gute Ideen für die Sache (komisch: Auf einmal wollen sie ihm gar nicht mehr so besonders vorkommen!), das haut mit Sicherheit hin.« »Na,« sagt Gessler unfreundlich, »da dürfen wir ja mal gespannt sein.« Als er mittags mit Treulich zur Kantine geht, begegnet ihnen Gaby und wünscht ihnen mit

dem zauberhaftesten aller Lächeln Mahlzeit. Unwillkürlich blickt Wollschmidt ihr nach. Dieser hinreißende Gang, das enge, knapp übers

»Bedauere. Bin in einer wichtigen Besprechung!«

Knie reichende Kleid, das von der schlanken, aber ausgeprägten Figur keinen Quadratzentimeter unterschlägt, die Beine, die für jede Strumpfwerbung in Frage kommen würden – ein Jammer, diese Geschichte in dem französischen Lokal!

»Na«, sagt Treulich, »die Gaby hat's dir wohl auch angetan. Aber mach dir da bloß keine Hoffnungen, die ist fest in Clausens Hand. Die interessiert sich für keinen anderen. Falls du dich da irgendwelchen Illusionen hingeben wolltest, tu's bitte nicht.«
»Ich?« Wollschmidt setzt sein ehrlichstes Gesicht auf, »wie käme ich auf solche Ideen. Die Maus ist 'n hübscher Anblick, aber Frauen im Büro kommen für mich sowieso nicht in Frage. Das bringt nur Ärger, kannst du mir glauben.«
Von Ferne schlägt ihnen der Geruch von deutschem Beefsteak mit Rotkohl entgegen.

»Frauen im Büro kommen für mich nicht in Frage . . .«

»Ihr Gehalt kann ich nicht erhöhen. Aber vielleicht kommen Sie mit Ihrem Gehalt besser aus, wenn ich mit Ihrer Frau öfter mal ausgehe!«

Goldene Regeln für Arbeit und Büro

Kommst du häufig morgens zu spät, weise deinen Chef darauf hin, daß die Kollegen nur früher kommen, weil sie langsamer arbeiten.

Weigere dich nicht, im Büro den Kaffee zu kochen. Eine bessere Bezahlung für diese Arbeit erhältst du nirgendwo.

Für fleißige Leute ist das Büro ihr Zuhause. Nimm deshalb Strickzeug, Kreuzworträtsel und eine Fußbadewanne mit.

Wirst du vom Chef zu einem Arbeitsessen in einem feinen Lokal eingeladen, frage ihn beim anschließenden Barbesuch nicht nach der Arbeit.

Lege nie Reißnägel zwischen die Akten; der Chef könnte auf den Tisch hauen!

Wenn du dem Chef zeigen willst, wie beliebt du bist, beginne mit deiner Geburtstagsfeier schon am frühen Morgen.

Hast du dich für Teilzeitarbeit entschieden, teile nie die Zeit mit deinen Kollegen, sondern einzig und allein die Arbeit.

Vorsicht bei gleitender Arbeitszeit! Wähle sie so raffiniert, daß niemand weiß, wann man mit dir rechnen kann und wann nicht.

Von
Helmut Grömmer

Bürokratie

Von
Jo Hanns Rösler

Hugo Meinert wollte gern wissen, wie man Bürokratie schreibt – und da Hugo kein Lexikon hatte und auch keins kaufen wollte, beschloß er, in die Stadtbibliothek zu gehen, um im Lexikon nachzuschlagen.

Vor der Tür der Bücherei musterte ihn der Portier mißtrauisch. Er fragte ihn, wohin er wolle.

»In die städtische Bücherei«, antwortete Hugo Meinert.

»Geradeaus. Mittelster Gang. Rechte Tür«, sagte der Portier.

Hinter der Tür stand schon wieder einer, der ihm zurief, daß man Schirme und Stöcke abgeben müsse. Hugo sagte, er wolle nur schnell etwas nachschlagen – er komme sofort zurück.

Der Mann hinter der Tür meinte, Vorschrift sei Vorschrift, riß ihm den Schirm aus der Hand und gab ihm eine Marke. Dann durfte Hugo Meinert weitergehen. Vor der mittelsten Tür stieß er wieder auf einen, der auch wissen wollte, wo er hin wolle und was er denn hier suche.

Hugo antwortete ihm, daß er etwas in einem Lexikon nachschlagen wolle. »Lesesaal, zweiter Stock, dritte Tür links.«

Hugo Meinert stieg hinauf in den zweiten Stock und ging auf die dritte Tür links zu. Der Mann am Eingang hielt ihn auf und verlangte seine Lesekarte. Hugo antwortete, daß er keine Lesekarte habe, worauf ihm der Mann an der Tür sagte, daß er ohne Lesekarte nicht hinein dürfe. Lesekarten seien im dritten Stock, vierte Tür rechts, zu haben. Hugo Meinert protestierte, daß er doch nur

»Herr Direktor, wenn Sie sich nie erinnern können, wo ich etwas hingelegt habe, muß ich leider kündigen!«

ein einziges Wort – und mußte wieder hören, Vorschrift sei. Vorschrift. Hugo stieg auch in den dritten Stock. Dort mußte er zwanzig Minuten warten, bis er an der Reihe war. Man fragte ihn, was er wolle.
»Eine Lesekarte.«
»Für ein Jahr?«
»Nein, nur für einen Tag.«
»Für wann?«
»Für heute«, sagte Hugo resigniert.
Das ginge nicht, sagte der Mann. Tageskarten seien nur vormittags zwischen zehn und zwölf Uhr zu haben. Hugo wurde langsam ungeduldig.
»Verzeihen Sie, wenn ich frage«, sagte er, schon etwas erregter, »aber warum ist dieses Zimmer dann jetzt am Nachmittag geöffnet?«
Darauf sagte man ihm, daß man nicht geöffnet habe, sondern nur offen sei. Man habe nur für Leute offen, die dringend eine Karte brauchen. Als Hugo bemerkte, daß er dringend eine Karte brauche, bekam er zur Antwort, daß er dann zuerst einen Dringlichkeitsantrag stellen müsse. Die Formulare dazu erhalte er im fünften Stock, zehnte Tür links. Dem Antrag seien Geburtsschein, Einwohnermeldeschein, letzte Steuerquittung sowie Strafregisterauszug beizufügen. Ferner müsse man angeben, warum und weswegen Dringlichkeit vorliege.
»Aber verehrter Herr!« schrie Hugo Meinert erbost, »ich will doch nicht hier Ehrenmitglied werden! Ich will nur im Lexikon nachschlagen.«
»Dazu brauchen Sie keine Lesekarte.«
»Aber der Beamte im Lesesaal sagte, daß ich ohne Lesekarte nicht in den Lesesaal darf!«
»Da hat er recht.«
»Aber –«
»Was wollen Sie denn im Lesesaal? Sie wollen doch nicht das Lexikon lesen, sondern nur im Lexikon nachsehen. Das können Sie auch

Einem Antrag sind Geburtsschein, Einwohnermeldeschein, Steuerquittung sowie Strafregisterauszug beizufügen!

»Ihre Nummer wird aufgerufen. Warten Sie auf der Bank!«

ohne Lesekarte im etymologischen Kabinett, Erdgeschoß, Tür vierzehn.«
Hugo Meinert ging wütend die Treppen zum Erdgeschoß hinunter. Am Zimmer vierzehn stand keiner vor der Tür. Hugo konnte also ungehindert eintreten. Er ging zum Schalter und sagte dem Beamten, daß er ein Lexikon haben möchte.
»Da müssen Sie erst einen Antragsschein unterschreiben.«
Hugo unterschrieb den Antragsschein. Der Beamte stempelte »genehmigt« darauf und sagte ihm, er solle zum nächsten Schalter gehen. Dort wiederholte Hugo seine Bitte um ein Lexikon.
Der Beamte schob Hugo einen Zettel hin und sagte, er solle seine Wünsche auf den Bücherzettel schreiben. Hugo füllte den Bücherzettel aus. Er schrieb: Ein Lexikon. Hugo gab den Zettel ab und bekam dafür eine Nummer.

»Ihre Nummer wird aufgerufen. Warten Sie auf der Bank.«
Hugo Meinert hatte die Nummer 33. Der Beamte rief gerade auf:
»Nummer 2 bis 9!«
Nach einer Stunde hörte Hugo Meinert:

»Schon was von Reinkarnation gehört?«
»Nummer 27 bis 33!«
Hugo eilte zur Ausgabe und erwartete sein Buch. Aber er erhielt nur seinen Zettel zurück. Darauf stand:
»Nähere Angaben?«
»Wieso?« fragte Hugo dumm.

»Sie müssen angeben, was für ein Lexikon Sie wünschen. Wir haben hier das große Konversationslexikon, das Synonymlexikon, das Glossarlexikon, das etymologische Lexikon, dazu noch zweihundert Spezialfachwörterbücher. Der nächste Herr bitte!«
»Das ist mir zuviel!« schrie Hugo wütend, »ich will doch nur ein gewöhnliches Wörterbuch, weil ich nachsehen will, wie man das Wort Bürokratie schreibt.«
„Dazu gehört ein orthographisches Wörterbuch."
»Freilich!« meinte Hugo.
Er gab wieder einen Zettel ab. Und bekam diesmal die Nummer 41. Hugo Meinert mußte jetzt zwei volle Stunden warten. Endlich erhielt er sein Wörterbuch. Und Hugo suchte nach dem Wort »Bürokratie«.
Bei Bunker fing er an und las über Bureau, Burg, Bürger, Bürgerkrieg weiter. Immer näher kam er. Bür-

»Äußerst zuverlässig, der Schulze. Schade, daß er einen Nervenzusammenbruch erlitten hat!«

»Mein Mann hat einen sehr verantwortungsvollen Posten – er ist der, der immer Schuld hat!« ▶

germeister, Bürgerrecht, Burleske, Bürste, Busch? Hugo Meinert las wieder zurück und nach vorn. Und wieder von vorn nach hinten. Das Wort Bürokratie fehlte. Hugo trug

das Buch zurück. Da sei etwas nicht in Ordnung, meinte er, da fehle etwas. Wie? fragte der Beamte. Das Wort Bürokratie stehe nicht darin, antwortete Hugo. So etwas gebe es nicht, sagte der Beamte und schaute Hugo mißtrauisch an und schlug selbst nach. Er las »Burg, Bürger, Bürgerrecht, Bürste, Busch«. Da fehle ja ein ganzes Blatt, entdeckte er. Der Beamte durchbohrte ihn mit den Augen und wollte wissen, seit wann er das Buch denn habe.
»Seit zehn Minuten.«
Ja, dann müsse er das Buch ersetzen. Man müsse Beschädigungen sofort bei Empfang melden, sonst sei der Leser voll haftbar. Widersprüche seien sinnlos, erklärte der Beamte, da Hugo den Antragsschein unterschrieben habe. Man könne doch schließlich nicht einfach zulassen, daß jeder Mensch Blätter aus Büchern herausreiße. Er solle sich vorstellen, daß er solch ein Buch erhalte und gerade die Seite fehle, die ihn interessiere. Dazu sagte Hugo gar nichts mehr. Hugo Meinert sah rot vor den Augen und explodierte. Als er wieder zu sich kam, saß er im Gefängnis. Vor ihm stand der Wärter

und fragte, ob er nicht etwas wolle, Schreibmaterial oder Bücher. Da verlangte Hugo Meinert schnell ein Lexikon.

Als freier Mensch hatte er zwanzig Beamte fragen, viele Zettel unterschreiben, von Pontius zu Pilatus laufen, fünf Stunden warten müssen, ohne eins zu bekommen. Jetzt sei er kein freier Mensch mehr, jetzt sitze er im Loch, jetzt möchte er einmal wissen, wie lange er hier warten müsse.

Eine Minute später hielt Hugo Meinert das Lexikon in der Hand und las: »Bürokratie: Eine von Spöttern und Zynikern ungerechterweise erfundene Bezeichnung für einen in der Wirklichkeit unvorstellbaren, nicht vorhandenen Zustand komplizierter und autoritärer Amtshandlungen.«

* *

»Liebling, du bist so herrlich impulsiv!«

Witze und Cartoons

»Schreiben Sie immer Ihre Liebesbriefe mit der Schreibmaschine?«, fragt der Chef. »Aber nein, doch nicht im Büro!«, beteuert die Sekretärin. »Warum liegt dann Ihr Liebesbrief in der Mappe zur Unterschrift?«

*

Immer diese dummen Witze vom Chef und seiner Sekretärin!

Zwei Angestellte streiten. »Sie sind der größte Trottel!«, meint der eine. »Und Sie der vollendete Idiot", kontert der andere. In diesem Augenblick kommt der Chef: »Aber meine Herren, ich glaube, Sie vergessen, daß ich hier bin!«

Nach Ablauf der Probezeit sagt der Chef zum Bewerber: »Ich habe heute eine gute und eine schlechte Nachricht für Sie! Zunächst die gute: Alle Mitarbeiter sind von Ihnen begeistert – bis auf einen. Und nun die schlechte: Dieser eine bin ich!«

*

»Na, wie war es denn im Büro?«, fragt die Frau ihren Mann. »Entsetzlich! Stell' dir vor, ich war im falschen Büro. Und den ganzen Tag hab' ich für einen Herrn Kunkel gearbeitet, den ich gar nicht kenne!«

Der Chef zur Sekretärin: »Also merken Sie sich. Wenn jemand nach mir fragt, sagen Sie: Tut mir leid, der Herr Direktor ist geistig beschäftigt und kann nicht gestört werden.« Später kommt jemand, der zum Direktor will. Die Sekretärin: »Der Herr Direktor tut mir leid. Er ist geistig gestört und kann jetzt nicht beschäftigt werden!«

Nachdenklich beobachtet der Chef seine Sekretärin. Am Ende der Arbeitszeit fragt er sie: »Sagen Sie, Frl. Knoll, wie viele Zeilen tippen Sie eigentlich pro Liter Kaffee?««

*

»Ach, du meine Güte! Ist das heute wieder eine Stimmung im Büro«, klagt die Sekretärin. »Der einzige, der gut aufgelegt ist, ist der Telefonhörer!«

*

»Frl. Meier, einmal schreiben Sie das Wort Thermometer mit th und ein andermal nur mit t ohne h. Das ist unerhört!« Frl. Meier stottert hilflos: »Aber, Herr Direktor, welches Wort soll ich denn ausbessern?« Der Chef brüllt zurück: »Das Falsche natürlich!«

»Hurra – ich hab's – ich hab's gefunden . . .!«

Bitte umblättern!
Noch mehr Witze!

»Warum hat dich denn der Chef gefeuert?« – »Weil ich während der Arbeitszeit geschlafen habe.« – »Aber das tun doch viele!« – »Ja, schon. Aber nicht mit der Chefin!«

*

Die Neue hat Schwierigkeiten beim Diktat. »Kommen Sie mit?« fragt der Chef rücksichtsvoll. »Selbstverständlich«, haucht sie. »Für wieviele Tage soll ich einpacken?«

Na ja, Lehmann – wenn ich im Lotto gewonnen hätte, täte ich genau das gleiche . . .!«

Obermeier sitzt vor dem Personalchef, der in den Bewerbungspapieren blättert. »Sie waren in den letzten 3 Monaten bei 3 Firmen angestellt?«, fragt er. Obermeier antwortet strahlend: »Ja, alles reißt sich um mich!«

*

»Die Schreibmaschine, die Sie mir neulich lieferten, ist gut!« – »So? Und warum haben Sie sie bis heute nicht bezahlt?« – »Ich und bezahlen? Warum? Sie sagten mir ja beim Bestellen: Eine gute Maschine macht sich mit der Zeit von selbst bezahlt!«

*

»Herr Direktor, kann ich einen Tag freinehmen? Ich feiere silberne Hochzeit.« – »Ausnahmsweise. Aber glauben Sie nicht, daß Sie nun alle 25 Jahre einen Tag freinehmen können!«

»Ihr Mann hat mich beauftragt, ihn zu vertreten, da er in den nächsten Wochen durch Konferenzen und Aufsichtsratssitzungen unabkömmlich ist!«

»Aber Herr Direktor! Die Formulierung „voll ausgebildete junge Dame" in Ihrem Inserat kann man ja auch anders verstehen!«

Inga Feders schönster Tag

Von
Helmut Grömmer

»Hm«, machte der Chef für den Im- und Export origineller Geschenkartikel. Er dehnte das Hm über mehrere Silben aus und betrachtete Fräulein Feder mit gespannter Aufmerksamkeit. Sie war blendend durch den Test gekommen, hatte den Umgang mit den Diktiergeräten nullfehlereins bestanden und gab sich rechtschaffen Mühe, so grundsätzlich-zustimmend in die grauen Augen des Herrn am Mahagonitisch zu blicken, wie das Betriebsvorsitzende erwarten.

»Was mich ein wenig stört«, sagte Chef Miller und fingerte nach rechts und links, um die passenden Worte zu suchen, »das ist, sagen wir mal, der Gesamteindruck. Alles stimmt an Ihnen: die Augenpartie, nichtwahr, der Mund in seiner Form, und alles andere auch, was Form hat – aber, so meine ich, es fehlt vom ersten Eindruck her, na ja, der Knalleffekt. Ein Effekt, der mehr verspricht, als er hält, wie er auch unserer Ware eigen ist. Kurz gesagt, mich stört der leidige Umstand, daß Sie kein Make-up aufgelegt haben.«

Auf Inga Feders Wangen machte sich ein bäckchenfreundliches Rot breit. »Nicht, daß Sie es nötig hätten«, bremste sich der Chef, »nötig ist das nur fürs Geschäft! Die Verpackung unserer Ware, wenn ich es einmal so verbalisieren darf, beginnt nicht erst bei der Kartonage, sondern schon im Büro. Und wenn Sie morgen früh kommen«, – Miller erhob sich wie Gott zum Gruße –, »dann bitte so, wie es unsere Prospekte verheißen – individuell bis in alle Einzelteile.«

Inga Feder war nicht von gestern. Sie wußte schon, was eine Frau zu einem

Wie dick müssen Gurkenscheiben sein, die man sich vor dem Einschlafen aufs Gesicht legen soll?

Wunder macht, und war bereit, einiges zu investieren. Nach zwei Stunden quer durch die Stadt hatte sie sechs Plastiktüten an den Händen, zwei große und zwei kleine. Sie schlackerte ein paarmal mit dem Kopf, weil sich in ihren Ohren noch immer die Floskeln »Aber gern, gnädige Frau« und »Gerade für Ihren Typ« breit machten. Zu Hause knackte sie zuerst eine Dose mit diätbewußter Creme-Suppe und filterte sich einen Kaffee. Sie schwang den Löffel links, weil sie rechts ihre kosmetischen Schätze auftürmte. Zuletzt war es eine Burg mit Zugbrücke, Kapelle, Sängersaal und Bergfried für 200 Ritter und entsprechende Burgfräuleins. Eigentlich wollte Inga den letzten freien Tag am Staubsauer verbringen, aber als die die Gebrauchsanweisungen und die meistern der Schönheitstips gelesen hatte, war es dunkel.

Inga rief ihre Freundin Sabine an.
»Na, du?«
»Ach, du bist's!«
»Ja, und nun sag mir mal, wie dick die Gurkenscheiben sein müssen, die man sich vor dem Einschlafen aufs Gesicht legen soll, damit sie der Haut Feuchtigkeit zuführen?«
»Hast du keine?«
»Gurken?«
»Nein, Feuchtigkeit.«

Sabine meinte, drei Millimeter würden ausreichen, aber das Problem sei, daß auch Gurkenscheiben lieber auf dem Kopfkissen schlafen als auf schrägen Stirnen und Kullerwangen. Festnageln treibe die Lust an der Schönheit zu weit, aber ein Haarnetz mit einem stabilisierenden Loch für die Nase könne die Scheiben bändigen – vorausgesetzt, es werde ein traumlose Nacht, weil Träume, zumal vom Alp, Schläfer und Gurkenteile mobil machen.

Nach dem Gespräch – der Mond stand schon am Himmel – nahm Inga ein Schönheitsbad und wartete darauf,

Zwecks Öffnung der Poren sollte man sich noch ein Gesichtsdampfbad mit Kamille gönnen

daß das Badeöl seine »belebende Wirkung« tat. Das tat aber erst die Massage mit dem Luffa-Schwamm, weil es Inga ganzheitsbewußt von den Füßen bis zum Kopf und kurvengerecht wieder abwärts tat. Dann raus aus der Wanne und unter die Dusche. Kalt, warm, kalt. Au weia!, rief Inga gegen die gelben Kacheln und freute sich über das verständnisvolle Echo. Die Kosmetikerin im dritten Laden hatte Inga empfohlen, nach dem Abfrottieren mit einem gern gelieferten Pinsel warmes Wachs auf Beine und Arme aufzutragen, es erkalten zu lassen und den Wachsfilm anschließend herunterzuziehen. Das entferne störende Härchen. Als Inga Luft holte und zum zweiten Mal zog, schellte das Telefon.
»Ja?«
»Also, so geht das nun nicht«, bellte die Nachbarin, »erst das Wasserrauschen, daß man nicht in den Schlaf kommt, und jetzt diese Schreie, die einen aus dem Bett reißen. Feiern Sie eine Orgie? Dann kann ich Ihnen nur sagen, daß das auch leiser geht!«
Knall. Aufgelegt. Inga biß auf die Zähne und schrie nun nach innen. Dabei rieb sie den ganzen Körper mit Body-Lotion ein, kroch in den Bademantel und folgte der dringenden Empfehlung der Kosmetikerin aus dem ersten Laden, zwecks Öffnung der Poren sich noch ein Gesichtsdampfbad mit Kamille zu gönnen. Dann schnitt sie die Gurken. Die Scheiben hätten für einen ganzen Salat gereicht, aber nur 14 ließen sich auf dem weit nach hinten gereckten Gesicht plazieren. In dieser Haltung fand Inga ihr Bett nicht. Sie stolperte, sammelte die Feuchtigkeitsspender wieder auf und erledigte die zweite Montage liegend. An Gurke mangelte es nicht, doch sehr an der Begabung, die Scheiben paarweise unter das Netz zu schieben.
Wer rechtschaffen arbeitet, schläft gut. Das war Ingas erster Gedanke am nächsten Morgen. Als sie sich in ihrem

70

Spiegel sah und das Zittern bekam rutschten die Gurkenscheiben an ihr herunter, als wäre sie eine Rodelbahn. Inga warf das Haarnetz hinterher und wusch sich, wie vorbedacht, mit kaltem Wasser ab.

Danach zog sie Plastikhandschuhe an, weil schon die Kosmetikerin im zweiten Laden gesagt hatte, daß Inga's Haar zu braunkohlenbraun sei und erst durch einen rötlichen Schimmer haarogen werde. Sie mischte das Färbemittel und bearbeitete, von der Kopfmitte abwärts, jede ihrer Haarsträhnen so gründlich mit einem Pinsel, daß Maler Klecksel seine helle Freude daran gehabt hätte. Eine halbe Stunde lang saß sie nur rum. Dann spülte sie weg, was des Guten zuviel war, und griff nach dem Pflegebalsam. Auch der sollte fünf Minuten ruhen, ehe Inga durchschäumen, ausspülen, frottieren und durchbürsten konnte. Dann kamen die Lockenwickler dran, und eine halbe Stunde ging mit Föhnen und Trocknen drauf. Als sie vor den Spiegel trat, sagte sie »Guten Morgen« zu der fremden Frau und wunderte sich, daß der Gruß erwidert wurde.

Gegen 11 Uhr frühstückte Inga. Eigentlich sollte es ein Müsli sein, aber die Schufterei hatte sie so hungrig gemacht, daß sie Gänseschmalz und 40prozentigen Käse essen mußte. Sie biß gerade in die Verpackung, als das Telefon schellte.

»Na, du?«

»Ach, du bist's?«

»Was hast du denn geträumt unter den Gurken?« wollte ihre Freundin Sabine wissen.

»Daß der Gurkenkönig gekommen ist und mich für Dornröschen gehalten hat.«

»Und? Hat er dich wachgeküßt?«

»Wollte er, aber er hat sich in dem verdammten Haarnetz verheddert.«

»Das tut mir aber leid, du. Wollen wir beide denn heute . . .«

Verbotenes Frühstück mit Gänseschmalz und 40prozentigem Käse

»Natürlich haben wir Ihren Brief mit großem Interesse gelesen!«

»Nee, wollen wir nicht, Sabbelinchen. Ich muß mir jetzt die Fingernägel maniküren, anschließend Gesicht und Hals mit Dingsda eincremen, die Augenbrauen von innen nach außen zu einem weichen Bogen zupfen und die Zähne mit Strahli putzen. Ich habe also alle Hände voll zu tun. Es geht heute beim besten Willen nicht!«
»Alles für den Gurgurgurkenkönig?« stammelte Sabine.
Inga hatte schon aufgelegt. Sie tat, wie gelesen, und widmete sich dann dem Make-up, das die Kosmetikerin aus dem fünften Laden Fondation genannt hatte. Was zu flach war an ihrem Gesicht, hob sie durch eine helle Grundierung hervor, was sich vorgedrängt hatte, wie Nase und Kinn, wies sie durch eine dunklere Schattierung in die Schranken. Den Augenlidern gab sie einen rötlichen Schatten und die Wimpern tuschte sie mit einem Nerzroller. Und da klopfte es an die Tür.

»Himmelsamtherrgott«, staunte die Nachbarin, »ich hätte sie ja beinahe nicht wiedererkannt, und dabei wollte ich nur fragen, ob bei Ihnen was angebrannt ist, denn so viele Blumen, nach denen es durch alle Ritzen duftet, kann ein einzelner Herr doch gar nicht mitgebracht haben, und man macht sich ja Sorgen, wenn man nebenan wohnt, oder was ist das für eine Wolke, die mir da entgegenschlägt?«
»Nehmen Sie eine Nase voll mit«, sagte Inga sehr vorsichtig, weil sie unter Spannung stand und befürchtete, auseinanderzufallen, »es ist der Duft der großen Welt.«
Die Nachbarin trug Neid in ihr Kämmerlein und sagte dreimal: »Was ein Mann aus einer Frau alles machen kann!«
Indessen ging Inga wieder ans Gänseschmalz. Einen Hauch davon verwendete sie als Glanzfett für ihre Augenbrauen, weil das – so hatte die Kosmetikerin aus dem vierten Laden

Was ein Mann aus einer Frau alles machen kann!

Nun nur noch etwas Rouge auf die Wangenknochen

gesagt – dem Blick einen kongenialglänzenden Rahmen gibt. Es war inzwischen 15.30 Uhr und nun wirklich Zeit, auf die Wangenknochen, und zwar von innen nach außen in leichter Aufwärtsbewegung, etwas Rouge aufzutragen. Auch das Kompaktpulver mußte aufgetupft werden. Bei den Lippen zögerte Inga. Das Problem war: kußfest oder nicht? Schließlich sagte sie sich: wenn schon, denn schon, griff zum dunkleren Konturenstift, umrandete den Lippentrakt und füllte ihn in zwei Arbeitsgängen mit kußfester Farbe. Nun noch der so oft empfohlene Permutteffekt, dann abtupfen, Gesicht kontrollieren, Haar zurechttürmen, die Fingernägel lackieren – und da war es 16.13 Uhr.

»Nun aber los!« befahl sich Inga. Mit gespreizten Händen eilte sie an den Kleiderschrank und balancierte sich in ihr weinrotes Kostüm hinein. Während der Fahrt gab sie sich Mühe, nicht zu zucken.

17.01 Uhr betrat sie das Büro des Chefs für den Im- und Export origineller Geschenkartikel.

Er erhob sich, verneigte sich so wenig wie möglich, muschelte »Millller« mit viel l und fragte: »Kommen Sie wegen der Ausschreibung?«

»Ja«, sagte Inga mit wippenden Augenbrauen.

Miller straffte sich. »Dann will ich Ihnen mal etwas sagen«, hub er chefbewußt an, »zu den Grundsäulen, auf denen unsere originellen Geschenkartikel ruhen, gehört ein pünktlicher Versand. Und auf solchen Grundsäulen müssen auch unsere Angestellten ruhen. Haben Sie den Test bestanden? Personalabteilung und so weiter?«

»Aber ja!« Inga empfand Millers auf- und abgleitende Blicke, als sei sie schon das beste Stück seines Sortiments.

»Gut!« Der Chef grapschte ein Schreiben, das querdurch den Stempel »erledigt« trug, und reichte es über den Mahagonitisch. »Dann schreiben Sie

74

bitte sofort an diese Dame, daß sie bleiben soll, wo der Pfeffer wächst. Geben Sie ihr eine Lektion über die Pünktlichkeit im Büro, und deuten Sie an, daß sie sich mit der heutigen Fehlleistung nicht nur um eine beglückende Betätigung, sondern auch um ein ebensolches Urlaubsgeld und eine große Weihnachtsgans gebracht hat.«

Der Brief, der auf Inga zukam, war ihre Bewerbung.

»Muß heute noch raus«, rief der Chef ihr nach, »am besten, Sie bringen es auf 15 Wörter und machen es per Telegramm!« Er zog einen Streifen des Wölkchens ein, in dem Inga zur Tür schwebte. »Und für Sie«, tönte er, »ist dies der schönste Tag Ihres Lebens! Ich bin sicher, daß Sie die vakante Stelle voll und ganz ausfüllen. Bitte, kommen Sie morgen früh 8.30 Uhr zum Diktat. Alles klar?«

»Alles klar«, sagte Inga vor sich hin. Vom Vorzimmer aus rief sie die Telegrammaufnahme an, telegrafierte an Fräulein Feder, daß sie bleiben soll, wo der Pfeffer wächst, und fuhr nach Hause, um sich auf die Post zu freuen.

»Wenn sich Arbeit und Kinder nicht vertragen, hätten Sie sich das ein paar Monate früher überlegen müssen!«

Ein Mensch vor einem Schalter steht...

**Von
Eugen Roth**

Zur Warnung

Ein Mensch, zu kriegen einen Stempel,
Begibt sich zum Beamten-Tempel
Und stellt sich, vorerst noch mit kalter
Geduld zum Volke an den Schalter.
Jedoch, wir wissen: Hoff' und Harren
Das machte manchen schon zum Narren.
Sankt Bürokratius, der Heilige,
Verachtet nichts so sehr wie Eilige.
Der Mensch, bald närrisch-ungeduldig
Vergißt die Ehrfurcht, die er schuldig,
Und, wähnend, daß er sich verteidigt,
Hat er beamten-schon-beleidigt.
Er kriegt den Stempel erstens nicht,
Muß, zweitens, auf das Amtsgericht,
Muß trotz Entschuldigens und Bittens
Noch zehn Mark Strafe zahlen, drittens,
Muß viertens, diesmal ohne Zorn,
Sich noch mal anstell'n, ganz von vorn,
Darf, fünftens, keine Spur von Hohn
Raushör'n aus des Beamten Ton
Und darf sich auch nicht wundern, sechstens,

Wenn er kriegt Scherereien, nächstens.
Geduld hat also keinen Sinn,
Wenn sie uns abreißt, mittendrin.

». . . Aber da predige ich ja immer tauben Ohren,
ich kenn' das ja, ich bin ja nur eine Frau . . .«

Zeitgenössische Entwicklung

Ein Mensch sitzt da und schreibt vergnügt,
Sein Fleiß ist groß, und das genügt.
Doch bald hat er sich angeschafft
Die erste Schreibmaschinenkraft;
Das langt nach kurzer Zeit nicht mehr,
Es müssen noch zwei andre her,
Desgleichen wer fürs Telefon,
Auch wird ein Diener nötig schon,
Ein Laufbursch und, es währt nicht lang,
Ein Fräulein eigens für Empfang.
Nun kommt noch ein Bürovorsteher –
Jetzt, meint der Mensch, ging es schon eher.
Doch fehlt halt noch ein Hauptbuchhalter
Sowie ein Magazinverwalter.
Sechs Kräfte noch zum Listen führen –
Da kann man sich schon besser rühren.
Doch reichen nun, man sah's voraus,
Die Tippmamsellen nicht mehr aus.
Bei Angestellten solcher Zahl
Braucht's einen Chef fürs Personal;
Der wiedrum, soll er wirksam sein,
Stellt eine Sekretärin ein.
Die Arbeit ist im Grunde zwar
Die gleiche, wie sie immer war,
Doch stilgerecht sie zu bewältigen,
Muß man die Kraft verhundertfältigen.
Der Mensch, der folgerichtig handelt,
Wird zur Behörde so verwandelt.

»Diesmal ist mir vor dem Steuerprüfer gar nicht bange!«

Immer Arbeit mit der Arbeit

Von
Günter Stein

Was die Arbeit so unerfreulich macht, das ist eigentlich gar nicht die Arbeit, sondern die Tatsache, daß sie mitunter, anhänglich wie ein treuer Hund, immer wieder zu einem zurückkommt und möchte, daß man sich mit ihr beschäftigt.

Manchmal kehrt sie schon zurück, wenn sie noch nicht mal richtig angekommen ist.

Ich denke da an meinen Aufsatz, den ich kürzlich schreiben mußte. Thema: »Wie können wir die Qualität der Arbeit verbessern, indem wir mehr auf die Kommunikation achten?«

Diese Arbeit hatte mein Chef bei mir angefordert, da sie wiederum sein Chef von ihm angefordert hatte, weil dessen Chef sie unbedingt haben mußte, um sie seinem Chef zu zeigen. Danach würde sie irgendwo in der oberen Ozonschicht des Vorstands verschwinden.

»Schreiben Sie mir diese Arbeit!« hatte mein Chef gesagt. »Wir haben nur noch ein paar Jährchen bis zum 3. Jahrtausend – wußten Sie das überhaupt? –, und wenn der Schlendrian in unserem Laden so weitergeht, dann können wir bis dahin dicht machen. Schreiben Sie also alles nieder, was Ihnen dazu einfällt. Besprochen haben wir's ja nun. Und vergessen Sie nicht: Das Ganze muß vorgestern fertig sein.«

Nun, ich machte mich brav an die Arbeit, dachte nach, schrieb, korrigierte, schrieb um und neu, und als ich schließlich fertig war, gab ich das Ganze in eine Umlaufmappe, die ich mit: Herrn Weber, A 3, versah, und ließ es den Hausboten wegtragen.

Wenig später rief Weber an. »Hören Sie«, begann er, »was macht unser Bericht: Arbeitsqualität und Kommunikation? Sie wissen schon.«
»Ist vorhin an Sie abgegangen, müßte in Kürze bei Ihnen sein!«
»Ahja, sehr schön. Haben Sie auch ans dritte Jahrtausend gedacht?«
Oh je, das hatte ich ganz vergessen. Wie konnte mir nur so ein Fehler passieren. »Es ist nicht expressis verbis erwähnt«, sagte ich und versuchte, Absicht in meine Stimme zu legen, »aber es geht aus dem Ganzen mehr oder weniger zwingend hervor. Alles ist zukunftsorientiert. Die Perspektiven sind abgesteckt, aber wir können natürlich noch eine entsprechende Formulierung unterbringen, wenn Sie es für nötig halten.«
»Möchte ich fast drum bitten. Solche Daten machen weiter oben eine Menge Eindruck. Die Zukunft hat sozusagen schon begonnen, verstehen Sie?«

Ich legte auf und ging etwas früher nach Hause, angeblich um Überstunden abzubauen. Auf dem Flur begegnete ich prompt und völlig unerwartet meinem Chef.
»Gerade hab ich's gekriegt«, rief er mir zu, »gleich morgen früh werde ich mich drüber hermachen. Wenn noch was ist, melde ich mich.«
Die Tage gingen ins Land, und mit jedem einzelnen wurde mein Atem ruhiger und mein Blick freier. Ich war schon fast soweit, daß es mir keinen Stich mehr versetzte, wenn das Telefon klingelte.
Da klingelte das Telefon.
»Ja, Weber hier«, erklang die Stimme meines Chefs, »also ich bin leider erst jetzt zum Lesen gekommen, Sie wissen ja: Arbeitsqualität und Kommunikation. Da scheint mir doch manches nicht richtig rüberzukommen. Wir müssen uns unbedingt noch mal drüber unterhalten. Kommen Sie um elf!«
Ich fühlte mich wie ein Mensch, den

Man sollte auch unbedingt an das dritte Jahrtausend denken!

Es ist nicht einfach, in den Gedanken eines Chefs einen Sinn zu erkennen

das Schicksal doch noch eingeholt hat. Leichtfertig hatte ich geglaubt, Weber habe es gelesen, für gut befunden, an seinen Chef weitergegeben, der es ebenfalls für richtig befunden und seinerseits weitergegeben hatte. In meinen vermessenen Träumen hatte ich mich schon für die gute Arbeit belobigt und mir Scharfsinn, Formulierungskunst und problemorientiertes Denken unterstellt. Und nun das – Weber fand es schlecht, und es war noch nicht mal eine Instanz weiter.

Leicht vornübergeneigt, ein von der Bürde der Arbeit und der Jahre gebeugter Mann, betrat ich um elf das Büro meines Chefs.

»Ah, schön, da sind Sie ja. Also ich habe mal rot angestrichen, was mir nicht so gefallen hat. Hier beispielsweise, dieser ganze Komplex. Dann diese Seite, dann hier unten das alles, und da sind auch noch ein paar unklare Stellen. Lesen Sie sich's einfach mal durch. Meist habe ich in Stichworten drangeschrieben, was ich meine. Die Schlangenlinien hier bedeuten, daß ich auch nicht weiß, was mir da nicht gefällt. Sehen Sie mal zu, wie Sie klar kommen. Andernfalls rufen Sie mich an.«

Wieder an meinem Schreibtisch, versuchte ich, in meine Gedanken von vor zwei Wochen einzudringen. Da ich zu den Leuten gehöre, die jede erledigte Arbeit sofort aus dem Gedächtnis tilgen, fiel mir das schwer. Schritt für Schritt tauchte ich in die Vergangenheit ein wie ein Analysierter auf der Ledercouch in die Bilder seiner Kindheit.

Natürlich war es nicht einfach, in den Gedanken meines Chefs einen Sinn zu erkennen und diesen in das fertige Produkt zu übertragen, aber es gelang mir. So wie alles gelingt, wenn es denn gelingen muß.

Eine Verbesserung kann man ja das Ganze nicht nennen, sagte ich mir selbstzufrieden, aber wenn er es so

»... und auch eine schöne Empfehlung an die liebe Frau Gemahlin!«

Die Zeit nahm ihren Gang. Frühlingsahnen kam über die Welt und die Benzinpreise fielen

möchte – bitte sehr. Vielleicht gefällt es jetzt auch allen anderen. Mit diesen Hoffnungen angefüllt, schickte ich es ab.

Diesmal meldete er sich postwendend. »Na also, das kriegt ja jetzt schon richtig Form«, meinte er, und seine gute Laune stimmte auch mich froh. »Noch ein paar Kleinigkeiten, die ich Ihnen aber genau markiere, und dann kann die Sache marschieren. Ich geb's Ihnen nochmal rüber, damit Sie unsere Endfassung erstellen können.«

Zwei Tage später landete alles wieder auf meinem Tisch. In der Tat: Ein paar Kleinigkeiten waren noch zu machen. Ihre Bedeutung war dunkel, aber ich wollte kein Querulant sein. Also griff ich fröhlich in die Sätze, modelte um, fertigte die Endfassung an und gab diese in das Gefach: Hauspost/Ausgang.

Nun senkte sich Schweigen über die Sache. Andere Projekte drängten sich nach vorn, die Zeit nahm ihren Gang. Erstes Frühlingsahnen kam über die Welt, und die Benzinpreise fielen.

Da klingelte das Telefon. Noch das Lachen über einen gerade gehörten Witz im Mund nahm ich ab und meldete mich. »Hier Weber«, kam es aus der Muschel, »es geht um die Sache Arbeitsqualität durch Kommunikation, Sie erinnern sich? Die in der Abteilung Wolters haben's nun gelesen und wollen noch ein paar Fragen loswerden. Um elf sind wir bestellt. Seien Sie pünktlich.«

Mir ward schwer ums Herz, als ich an diesem Tag pünktlich kurz vor elf zwei Stockwerke höher stieg und in die Reithalle ging, die Wolters als Büro diente. Etliche Leute waren schon da, darunter auch mein Chef.

»Also«, ergriff Wolters das Wort, »das ist ja alles schön und gut, was Sie da geliefert haben. Grundsätzlich: Kompliment. Aber so kann ich das Ziegler nicht weitergeben. Schauen Sie mal hier . . . und hier . . . und dann hier.

Und überhaupt: Was soll das Gerede vom 3. Jahrtausend. So weit sind wir noch lange nicht. Wen interessiert das heute.«

Und damit zeigte er auf Stellen, die ich alle auf Geheiß meines Chefs umgearbeitet hatte. »Ehrlich«, fuhr er fort, »mir ist nicht klar, was Sie damit sagen wollen. Sie haben das doch geschrieben, oder?« Ich nickte vorsichtig, darauf hoffend, daß Weber mir todesverachtend beisprang, sich selbst als Mitschuldigen preisgebend, um mich zu retten. Doch er schwieg. Ja, er pflichtete sogar Wolters bei. »Ich hab's auch nicht ganz kapiert«, bekannte er, »aber ich bin mit der Sache nicht so befaßt gewesen und hatte leider auch nicht genügend Zeit, es genauer zu studieren. Aber Sie haben recht: da ist einiges unklar.«

Natürlich war ich taktvoll genug, nicht auf seine Schuld hinzuweisen. Immerhin, er hat die bessere Position und bekommt auch das höhere Gehalt.

Da würde er viel schlechter dastehen als ich. Bei mir war das nicht weiter schlimm.

Alle besprachen nun das ganze Thema noch mal gründlich von allen Seiten, wertvolle Gedanken wurden eingebracht (wie Wolters meinte), und dann konnten wir gehen.

»Da war wirklich noch einiges faul«, sagte mein Chef beim Runtergehen und trat damit die Flucht nach vorn an, »das ist uns entgangen. Aber Sie wissen jetzt Bescheid und werden entsprechend ein- und umbauen, ja?« Inzwischen war nun das ursprüngliche Problem, das klar gewesen war wie ein Fluß an seiner Quelle, trüb und schlammig geworden. Ein Außenstehender hätte kaum gewußt, worum es da ging. Aber ich hatte es nicht mit Außenstehenden zu tun. Alle wußten Bescheid und mehr als das. Alle hatten Standpunkte und Meinungen, wußten, was unbedingt rein mußte und was aus politischen Gründen besser

Was soll das Gerede vom dritten Jahrtausend. So weit sind wir noch lange nicht!

draußen blieb, zumindest aber nicht in dieser Schärfe gesagt werden durfte. Also legte ich Hand an, baute um, schrieb neu.
Auf jeden Fall war ich jetzt ein gutes Stück weiter. Weber würde es nicht mehr sehen wollen, Wolters würde erkennen, daß seine Intentionen berücksichtigt waren, und im Notfall konnte er nachweisen, daß er in großer Besetzung eine Korrekturbesprechung anberaumt hatte.
Wieder vergingen einige Wochen. Und wieder läutete das Telefon. »Weber hier«, hörte ich meinen Chef. »Es geht nochmal um die Arbeitsqualität und die Kommunikation, Sie erinnern sich? Also die Sache ist jetzt bei Ziegler, und der hat wohl ziemlichen Aufstand gemacht. So geht's nicht, soll er gesagt haben. Jedenfalls: Heute um elf sind wir bei ihm. Machen Sie sich auf einiges gefaßt.«
Ziegler war noch zwei Etagen höher als Wolters. Sein Flur war bereits mit Teppich ausgelegt. Alles atmete unaufdringlich Weltgeltung.
Zieglers Zimmer war ziemlich voll. Etwas brach mir aus. Schweiß wahrscheinlich.
»Hören Sie«, begann Ziegler, »ich komme mit Ihrem Bericht nicht klar. Mehr Arbeitsqualität durch bessere Kommunikation – ok, leuchtet mir ein. Aber ich erkenne keine klare Linie in Ihrem Papier. Wo ist das Ziel, wie sieht das Konzept aus, was ist zu tun? Ich meine, worum es geht, das ist doch ganz einfach.«
Und er sagte es. Ich hatte Ziegler schon immer für einen brillanten Kopf gehalten.
»Und so«, schloß Ziegler, »will ich das auch lesen. Anders kann ich es auch Direktor Wedekind nicht vorlegen. Wer wird es schreiben?« Alle hüstelten und blickten Weber an. Weber blickte auf mich. »Also Sie. Und bemühen Sie sich bitte um eine verständliche Sprache und um einen übersichtlichen Ge-

Ich erkenne keine klare Linie. Wo ist das Ziel? Wie sieht das Konzept aus?

dankengang. Aus dem, was da liegt, findet ja kein Mensch heraus.«
Ich nickte.
»Sie sind tatsächlich ein bißchen ins Schleudern gekommen«, sagte mein Chef liebevoll, als wir wieder im Lift nach unten fuhren. »Da hat Ziegler völlig recht. Irgendwie fehlt der geistige Zusammenhalt.«
Wieder im Büro, suchte ich aus der untersten Schreibtischschublade die erste Fassung heraus, ließ sie abschreiben, setzte das Datum von übermorgen drauf, wartete zwei Tage und schickte sie ab. Vorsichtshalber direkt an Ziegler.
Wochen später sprach mich mein Chef an. »Ziegler war angeblich von Ihrer letzten Fassung – Sie wissen: Arbeitsqualität durch Kommunikation – sehr angetan. Schade, daß wir sowas niemals gleich anbieten können, warum eigentlich nicht! Da würden wir uns viel Ärger und Arbeit ersparen. Aber was soll's – die ganze Sache ist sowieso unaktuell. Dr. Berg im Vorstand hat sie sterben lassen.«
Wie ich schon sagte: Es ist gar nicht so sehr die Arbeit, die einem zu schaffen macht. Es ist die Arbeit mit der Arbeit. Ja, da liegt's.

»*Ich möchte nicht ungerecht sein, Meier – ich werde mir alle Ihre Entschuldigungen anhören, bevor ich Sie rauswerfe...!*«

So strebsam sind Sie

Test Auflösung

Bis 20 Punkte

Sie mögen so manches schon versäumt haben – den Feierabend jedoch bestimmt noch nicht. Denn

nach des Tages Last und Müh hat man das abendliche Ausspannen schließlich verdient. Und Last und Müh bedeutet Ihnen die tägliche Plackerei in der Tat. Strebsam? Nun ja, Sie streben nach einem geregelten Einkommen, am Abend streben Sie zielstrebig nach Hause, und ansonsten sind sie bestrebt, nicht unangenehm aufzufallen und das Beste aus Ihrem Leben zu machen. Aber das alles kann natürlich auch eine Art Tarnung sein, hinter der Sie Ihren sagenhaften Ehrgeiz verbergen.

21 – 35 Punkte

Im allgemeinen verlassen Sie die Kantine gleich nach dem Nachtisch und betreten Sie nicht mal mehr zur Kaffeepause, weil Sie dieselbe am Schreibtisch verbringen. Es könnte ja ein dienstlicher Anruf kommen. Dieses Beispiel zeigt Ihre grundsätzlich positive Einstellung gegenüber allen beruflichen Belangen und Ihre doch recht lobenswerte Einsatzfreude. Es mag ja Leute geben, die mehr Wind machen als Sie, aber denen geht dann auch oft schnell die Luft aus. Bei Ihnen muß es eben die Ausdauer bringen. In dieser Disziplin sind Sie kaum zu schlagen.

36 Punkte und mehr
Also entweder sind Sie schon ein Chef, oder Sie werden es spätestens in ein paar Jahren. So was von Strebsamkeit! Es scheint ja in der Tat schon vorgekommen zu sein, daß Sie Arbeit mit nach Hause genommen haben. Und auch wenn Sie das Wort »Überstunden« hören, so rufen Sie nicht gleich den Betriebsrat an. Sie wollen wirklich was erreichen, und das ist ja auch ganz gut so, nur sollten Sie darüber Ihre Familie und Ihre Herzkranzgefäße nicht vergessen. Sonst streiken die nämlich unversehens. Und dann sehen Sie plötzlich ganz schön alt aus.

Alte Reklame für Schiefertafeln und Schieferstifte aus dem Jahre 1864

Das heitere Wörterbuch von A–Z

Achtstundentag   Einerseits klare Verschlechterung gegenüber dem Urmenschen, der nur 2 bis 3 Stunden täglich zu tun hatte. Andererseits unumgängliche Maßnahme, da eine Tagesarbeitszeit von 2 bis 3 Stunden nicht ausgereicht hätte, die Welt in dem vorliegenden Ausmaß zu ruinieren.

Arbeitswut   Psychische Störung, die in Schüben auftritt und sich in einem völlig unerklärlichen Drang nach Betätigung äußert. In leichteren Fällen gehe man einen Kaffee holen und versuche, bei einem kurzen Plausch die Zeit zu überbrücken, bis die Symptome abgeklungen sind. In schwereren Fällen verharre man unbewegt an seinem Schreibtisch und spreche immer wieder die Worte: Du darfst jetzt nicht schwach werden, du darfst jetzt nicht schwach werden...! Hilft auch dieses nichts, so schicke man nach dem Werksarzt.

Betriebsausflug   Alljährliches Unterhaltungs-Großereignis, das in langen Omnibus-Kolonnen startet, wo man fatalerweise immer neben dem gutgelaunten Kollegen aus der Registratur sitzt, der unbedingt »Schöner Westerwald« singen will.

Büroklammer   1. Kunstvoll gestaltetes Drahtgebilde, das eigentlich zum Zusammenhalten von Papieren dient. Spötter, die sich witzig vorkommen, behaupten gern, die meisten Büroklammern würden zum Ausputzen von Pfeifen verwendet. Dies ist natürlich übertrieben und stimmt in keiner Weise. Vielmehr

benutzt man sie zum Umstellen des Eingangsstempels und der Frankiermaschine.
2. Zudringliche und anhängliche Kollegin.

Cognac (auch Whisky oder Korn): Stark alkoholhaltiges Getränk, das der Kollege in einer kleinen Flasche in der unteren Schublade seines Schreibtischs aufbewahrt und es einem immer dann anbietet, wenn er selbst einmal ganz offen einen heben möchte.

Computer
1. Aufforderung an ein Geflügel, näherzutreten.
2. Neuerdings Mitarbeiter in zahlreichen Firmen, der den Arbeitsablauf verzögert, Zahlungen verschleppt oder übersieht und grundsätzlich zu unflexibel ist, um sich auf neue Situationen einzustellen, da er angeblich nicht selbständig denken kann. Wird für jeden Fehler verantwortlich gemacht und prompt gegen einen anderen ausgetauscht, wenn er das Nötigste begriffen hat. Gefährdet dennoch Arbeitsplätze.

Eignungsprüfung Psychologische Methode, um herauszufinden, ob jemand nicht mehr Intelligenz mitbringt, als die ihm zugedachte Arbeit verlangt.

eilig Begleitendes Stichwort für jeden Auftrag. Bedeutet, daß die Sache unter Riesendruck fertiggestellt werden muß, damit sie anschließend länger auf dem Schreibtisch des Chefs liegen kann.

Emanzipation Moderne Bewegung zur Gleichstellung der Frau. Wird immer nur kurzfristig außer Kraft gesetzt, wenn es gilt, eine Schreibmaschine von Zimmer 31 nach Zimmer 218 zu tragen.

»Walter will mich heiraten, Vati. Er hat auch schon eine schöne Anstellung für mich gefunden.«

Fernschreiber   Gerät zur schriftlichen Fernübermittlung von Nachrichten. Wurde erfunden, weil es für Geschäftspartner allmählich nicht mehr möglich war, einander per Telefon zu erreichen, seit dieses im Zuge der Humanisierung des Arbeitsplatzes mehr und mehr durch die private Kommunikation der Mitarbeiter belegt ist.

Geschäftsgeheimnis   Interessantes Detail über die Firma, das nur drei Personen bekannt ist: dem, der es einem unter dem Siegel der Verschwiegenheit erzählt hat, einem selbst sowie dem, dem man es unter dem Siegel der Verschwiegenheit weitererzählt.

Gewerkschaft   Organisation, die zu Recht die Ansicht vertritt, daß Arbeit nicht menschenwürdig ist, und die demzufolge die Arbeitszeit ständig verkürzen möchte. Ist aber unverständlicherweise dagegen, wenn es überhaupt keine Arbeit mehr gibt.

Intelligenztest   Prüfung der geistigen Kapazität eines Menschen, um herauszufinden, ob er seinen Aufgaben gerecht werden kann und man ihn einstellen soll. Wird nur bei Auszubildenden vorgenommen, nicht jedoch bei der Berufung des neuen Direktors.

Intrige   Dallas im Büro.

Laune   (hier: schlechte): Ein vor allem bei weiblichen Mitarbeitern anzutreffender Stimmungszustand, für dessen Zustandekommen der männliche Teil keinerlei Erklärung weiß. Äußert sich durch einen ins Mürrisch-Muffige tendierenden Gesichtsausdruck, der aber von der Besitzerin des Gesichts als elegisch, verschlossen und distanziert interpretiert wird. Unsensible Fragen nach dem Grund dieses Verhaltens werden mit einem matten Lächeln sowie mit der Gegenfrage: Nichts, was soll denn sein? beantwortet.

Memo Protokoll einer Besprechung, das in der Regel von dem verfaßt werden muß, der am sichersten war, daß dies sein Nachbar tun würde, und der sich demzufolge auf dieses Memo verlassen hat und der Besprechung nur mit aufmerksamem Gesicht, aber halbem Ohr zugehört hat. Dies ist aber nicht weiter schlimm, da die meisten Teilnehmer hinterher nicht genau wissen, was eigentlich wie beschlossen und was warum vertagt wurde. Der Protokollschreiber kann also sein Memo in den einzelnen Punkten ganz so ausfallen lassen, wie er es sich wünscht.

Mittagspause Bei gleitender Mittagspause von einer Stunde zwischen 12 und 14 Uhr dauert die Mittagspause 2 Stunden, während deren man einen ausgiebigen Stadtbummel unternehmen kann, wenn man vor Beginn etwas zu sich nimmt.

Papierkorb Sammelgefäß für in kleine Stücke zerrissene Unterlagen, die man nicht mehr braucht, um sie sofort wiederfinden und zusammenkleben zu können, wenn man sie eine Stunde später doch noch braucht.

Schnupfen Aufgrund der trockenen Luft am Arbeitsplatz typische Bürokrankheit. Beginnt meistens mittwochs, so daß der Befallene den ganzen Donnerstag über einen leidenden Eindruck machen kann und dann am Freitag bereits das Wochenende beginnen darf.

Sekretärin	Höherrangige Stenotypistin, die mit dem Chef zusammen Überstunden machen darf und anschließend zum Essen in teure Lokale mit gedämpfter Beleuchtung ausgeführt wird.
Überstunden	Mystischer Zeitbegriff, der ebenso ungreifbar ist wie der Euro-Dollar. Da jeder der einzige ist, der Überstunden macht, während alle anderen grundsätzlich pünktlich Feierabend machen und den Bleistift weglegen, gibt es entweder unendlich viele Überstunden oder gar keine. Auf jeden Fall sind Überstunden unverzichtbar als Erklärung nach längeren Barbesuchen.
Urlaub	Von Gewerkschaften und Sozialpolitikern erkämpfter Erholungszeitraum für jeden Arbeitnehmer, der mit jeder Tarifrunde um einige Tage länger wird, so daß – rein statistisch – die Hälfte aller Mitarbeiter immer abwesend ist und man deshalb eigentlich die doppelte Zahl einstellen muß. Die Folge davon ist, daß die verbleibende Arbeitszeit damit ausgefüllt wird, Arbeiten zu übergeben und zu erklären, Liegengebliebenes aufzuarbeiten, Fehler auszubügeln und sich vom Kollegen in dessen Arbeitsproblematiken einführen zu lassen, so daß dieser beruhigt in Urlaub fahren kann.
Zeugnis	Gilt der Information des nächsten Arbeitgebers über die Qualitäten eines Angestellten und soll bei der Einstellung als Beurteilungkriterium zugrunde gelegt werden. Muß grundsätzlich den Passus enthalten, daß man mit dem Mitarbeiter zufrieden war.

Acht Bücher zum Lachen und Schmunzeln

© Tomus Verlag GmbH, München

Alle Rechte der Verbreitung, auch durch Fernsehen, Funk, Film, fotomechanische Wiedergabe, Bild- und Tonträger jeder Art, sowie auszugsweiser Nachdruck vorbehalten.

Printed in Austria, Carl Ueberreuter Druckerei Gesellschaft m.b.H.

ISBN 3-8231-9006-7

Zeichnungen: Fun & Games, Hans Kossatz, Manuela Kusenberg, Pit Grove, Sukowski-Cartoons.

Literaturnachweis: Jo Hanns Rösler: Die kluge Sekretärin.
Jo Hanns Rösler: Bürokratie. Beide aus: »Beste Geschichten«, F. A. Herbig Verlagsbuchhandlung, München. Thaddäus Troll:
Heute wegen Arbeitsunlust geschlossen. Aus: »Das große Thaddäus-Troll-Lesebuch«, Hoffmann und Campe Verlag, Hamburg. Eugen Roth: Gedichte.
Rechte bei Eugen Roths Erben, München.